Werner Hajek

DUNKLE GESCHICHTEN AUS

Ostfriesland

Bildnachweis
Werner Hajek: S. 6, Susanne Ptak: S. 8, Wikimedia/Stephan Sprinz: S. 12, Pixabay/Amadis: S. 16, Manuela Milenkovic-Todorovic: S. 18, Wikimedia: S. 24, Wikimedia/Aagnverglaser: S. 27, WSV: S. 31, Stadt Emden: S. 35, Unbekannt: S. 41, Axel Pries: S. 43, Norbert Rotsch: S. 45, Pixabay/papaya45: S. 48, Pixabay/TanteTati: S. 51, Wikimedia/BS Thurner Hof: S. 58, Pixabay/Sturrax: S. 65, Archiv Dorfgemeinschaft Wiesede/Peters: S. 69, Tomke Lange: S. 73, Wikimedia/AxelHH: S. 74, Hans Hahne: S. 79
Autorenfoto: Helmut Krebs

Ich danke all den freundlichen Menschen, die mir mit ihren Auskünften, Geschichten, Fotografien und Unterlagen geholfen haben, dieses Buch zu schreiben. Danke für ihre Zeit, ihre Offenheit und Hilfsbereitschaft und manchmal auch für ihre Geduld. Danke für die vielen bereichernden Begegnungen und Gespräche nebenbei.

1. Auflage 2024

Umschlaggestaltung: r2 | Ravenstein, Verden
Layout und Satz: Schneider Professionell Design, Schlüchtern-Elm
Druck und buchbinderische Verarbeitung:
Beltz Grafische Betriebe GmbH, Bad Langensalza

34281 Gudensberg-Gleichen, Im Wiesental 1
Tel. 0 56 03 - 9 30 50   www.wartberg-verlag.de
ISBN 978-3-83132-3618-0

Inhalt

Vorwort

Liebe Leserinnen und Leser,

kommen Sie mir mit auf einen Streifzug zu den dunklen Seiten dieses liebenswerten Landes. Staunen Sie über blutrünstige Fantasien, pirschen Sie nächtlichen Jägern nach und horchen Sie auf die Schreie in der Finsternis!

Solange Sie Türen und Fenster fest verschlossen halten und sich tief in Ihren Sessel oder in Ihr Bett einkuscheln, kann nichts passieren. Versprochen! Zum entspannenden Ausgleich lassen wir uns zwischendurch von der Pracht eines Sternenhimmels verzaubern, folgen den nächtlichen Spuren heimlicher Liebe und schmunzeln über die Begeisterung eines kleinen Jungen für Ostfrieslands Leuchtfeuer.

Dunkel wie mondlose Nächte sind auch Szenen aus Ostfrieslands Vergangenheit. Wir erleben das verzweifelte Grauen eines Spökenkiekers in einer Sturmflut und lernen bei einem Schwarzen Propheten das Gruseln. Folgen Sie mir in die beklemmende Enge eines Bunkers und erfahren Sie in einem anderen Kapitel von der Geschichte einer Laterne, die Millionen von Soldaten allabendlichen Trost spendete.

Lesen Sie, wie die Ostfriesen über schwere Zeiten und einen Ozean hinweg zusammenhalten, wie das elektrische Licht die Dunkelheit vertrieb und wie Männer mit schwarzen Hüten aus einem alten Streit einen fröhlichen Abend machen.

Aber manchmal ist es gar nicht so verkehrt, das Dunkle im Dunklen zu lassen. Genau damit fängt dieser Streifzug an, und damit hört er auf. Los geht's!

Werner Hajek

Die Sache bleibt im Dunkeln

„Moin“ = „Guten Morgen“ heißt es an der Küste zu jeder Tages- und Nachtzeit. Der Stammurlauber grüßt gekonnt mit „Moin“ zurück. Der Nordsee-Anfänger dagegen, zumal einer von südlich des Weißwurst-Äquators oder östlich von Chemnitz, stutzt und fragt sich, was das eigentlich bedeuten soll. Das ist eine gute Frage, doch der Gast stelle sie nur, wenn er viel Zeit hat!
Über die ursprüngliche Bedeutung vom Moin können Küstenmenschen unendlich lange debattieren. Fangen wir mit dem außerfriesischen Küstenbewohner an. Der hält Moin einfach für die Verkürzung des Grußes „Guten Morgen“. Schließlich pflegt man am Meer wortkarg zu sein, geradezu einsilbig. Da konnte die kürzestmögliche Grußformel Moin schnell einen Siegeszug rund um die Uhr machen. Schon die gängige Verdoppelung Moin Moin gilt fast als geschwätzig. Behaupten Spaßvögel. Ist Unfug.
An der außerfriesischen Küste lehnt man sich nach dieser Erklärung jedenfalls bequem zurück, trinkt sein Bierchen und wechselt das Thema.
Es sei denn, ein Ostfriese ist anwesend. Der wird begründeten Einspruch erheben und auf das Wort Moi hinweisen. Moi klingt nicht nur schön, es bedeutet auch schön. „Moi’n Dach“ = „Schönen Tag“ wäre dann der Ursprung von Moin.
Ganz Schlaue haben eine dritte Variante auf Lager: Die Küstenbewohner hätten aus Spott den Gruß der preußisch-berlinerischen Obrigkeit nachgeäfft: „Morjen!“
Vor Jahren beschloss ich in jugendlichem Übermut, dass die Sache entschieden werden sollte, endgültig entschieden! Eine erste Adresse für solche Fragen ist das angesehene Institut für niederdeutsche Sprache im romantischen Bremer Schnoorvier-

tel. Dort hatte der damalige Leiter Dr. Ulf-Thomas Lesle eine wissenschaftlich-trockene Auskunft parat: „Moin? Niemand kann schlüssig nachweisen, woher der Gruß kommt." Gar nicht trocken, sondern fast begeistert schob Lesle hinterher: „Es ist doch wunderbar, dass jeder das glauben kann, was ihm am meisten zusagt."

Hm, wo er recht hat, hat er recht. In diesem Sinne: Tschüss (kommt vom französischen Abschiedsgruß Adieu und heißt sinngemäß „Geh mit Gott!" Aber das ist wieder ein anderes Thema).

PS: Ich habe mich erneut in Bremen schlau gemacht: Bis heute gibt es ständig neue Theorien, aber nie den letzten Beweis. Die Sache bleibt im Dunkeln.

„Moin" als beliebte Gartendeko.

Frieslandmörder

Markttag in Leer. Mordlust glimmt in den Augen der Schäferin Susanne. Doch schafft sie es, die Hand vom scharf geschliffenen Messer zu lassen. Sie packt Käsemesser und Verkaufsstand ein und fährt heim, Richtung Logafeld. Aber nach dem Mittagessen gibt es kein Halten mehr. Blut muss fließen! Und zwar direkt in die Tastatur. An diesem düsteren und kalten Herbsttag beginnt Susanne Ptak mit Wut im Bauch ihren ersten Ostfriesenkrimi.

Inzwischen besetzt sie in der Schreiber-Riege für Mord und Totschlag eine vordere Position. In 40 Romanen hat sie die menschlichen Abgründe zwischen Moor und Meer erfolgreich aufs Korn genommen. Eine krimischreibende Schäferin? Die sollten wir unbedingt kennenlernen.

Zuvor aber ein kleiner Überblick über die Welt der mordenden Bücher. Schon der Urvater der deutschen Regionalkrimis spielte in Ostfriesland. Die Story beginnt damit, dass einer fehlt. Und zwar beim Kurkonzert. „Einer fehlt beim Kurkonzert" heißt der Krimi, der 1966 in die Buchläden kommt. Der schmale Band vom Autor Hansjörg Martin entpuppt sich als Bestseller und wird 1968 auf Norderney verfilmt.

In den folgenden Jahrzehnten überschwappt die gedruckte Verbrechenswelle alle Deiche. In der ausgetretenen Erfolgsspur rangeln heute Hunderte von Büchern um die Neigung der Leser. Nicht jeder in der Region ist von den erdachten Untaten begeistert. Ein Ratsherr aus Norden nimmt sich den Autor Klaus-Peter Wolf zur Brust. Er wirft ihm in groben Tönen vor, mit seinen Krimis die Ostfriesen als eine Bande von „Mördern und Banditen" zu verleumden. Die Sache endet vorm Auricher Amtsgericht. Andere sind weniger empfindlich. Besonders das Tourismusge-

Susanne Ptak mit ihren Schafen.

werbe nutzt fröhlich und schamlos die Werbung durch die kriminelle Flut aus Buchpapier, E-Books und TV-Filmen.
Und für seine Leser ist Klaus-Peter Wolf sowieso der Größte. Er startete 2007 seine Ostfrieslandkrimis um Hauptkommissarin Klaasen. Die Serie wird seit 2017 vom ZDF verfilmt. Schon 2014 erfand die Mainzer Anstalt außerdem die Reihe „Friesland“, gedacht für Zuschauer, die eher schmunzeln als zittern wollen. Während Wolfs wenig lebensfrohe Frau Klaasen in und um Norden ermittelt, sorgt die buntgescheckte Truppe um ihren aufgeblasenen Chefermittler Brockhorst in Leer für Gerechtigkeit und Ordnung. Und manchmal für Unordnung. Wobei viele Leeraner wiederum die Unordnung bei den Drehorten beklagen: Nicht immer ist Leer drin, wo die Mainzelmännchen „Leer“ draufschreiben.
Womit wir auf den Leerer Marktplatz zurückkommen, auf dem Susanne Ptak einen äußerst deprimierenden Novembervormittag verbrachte. Zu ihrem Glück, wie es sich später herausstellte.

Susanne kam als Zugereiste aus dem Rheinland. Ein wirtschaftlicher Engpass zwang die Freiberuflerin später, sich nach einer neuen Einnahmequelle umzusehen. Die zündende Idee kam bei einem Nachmittag vor der Glotze und einer NDR-Sendung über Schafskäsereien.

Susanne: „Ich war begeistert: Das würde mir auch Spaß machen! Da hat mein Mann den gravierenden Fehler begangen und gesagt: Dann mach doch einfach."

Die Wirklichkeit bestand aus harter Knochenarbeit, wenig Freizeit, nicht genug Land. Und die Kunden? Handgemacht und regional? Schafsmilchkäse aus Streicheltierhaltung? Da zahlen die Kunden doch bestimmt gerne einen Euro mehr? 2010 war das fast so unwahrscheinlich, wie es heute noch ist.

„Nach vier Jahren Schafskäserei beschlossen meine Bandscheiben, dass sie nun nicht mehr mitmachen wollten. Ich stand an einem kalten, verregneten Novembermorgen, erbärmlich frierend, mit höllischen Rückenschmerzen auf dem Leeraner Wochenmarkt und versuchte, Schafskäse an den Mann bzw. die Frau zu bringen. Mit mäßigem Erfolg, denn der Kundenansturm auf dem Wochenmarkt ist an einem kalten, verregneten Novembermorgen recht übersichtlich.

Hat man nur lange genug gefroren, ist überdies auch noch patschnass, muss sich dann auch noch blöde Sprüche anhören, dann schleicht sich wahrhaftig irgendwann die Mordlust an. Und ich dachte: ‚Warum eigentlich nicht? Bring' doch einfach Leute um, auf dem Papier.'

Speziell war es eine Kundin, die erste des Tages, die alles, alles genüsslich probierte, alles in den höchsten Tönen lobte und schließlich mit Blick auf die Preistafel befand: ‚Also wissense, mit den Preisen sollten sie es in der Großstadt versuchen.' Gekauft wurde nichts."

Die Beschicker vom Wochenmarkt lachen heute noch über die Mordlust in den Augen ihrer Kollegin. Das behauptet jedenfalls Susanne. Sie sei gegenüber der Kundin diplomatisch geblieben, hätte sich aber mit „Grünlandmord“ ihren Frust von der Seele geschrieben. Eine Spinngruppe wird ihr erstes Ermittlerteam.
Wie andere Autoren geht Susanne Ptak mit wachen Augen durch die Welt und webt das Gesehene in ihre Texte ein. Etwaige Ähnlichkeiten mit lebenden Personen sind rein zufällig. Allerdings, manchmal ...
Susanne hat praktisch jedem Ort Ostfrieslands einmal die Ehre eines Buchtitels gegeben. Einen ihrer größten Erfolge hat sie ausgerechnet mit der Geschichte aus dem kleinen Ort Ditzum erzielt. Von den Einwohnern dort muss wohl jeder das Buch im Schrank haben. Die Touristinfo verkauft es auch und hat einmal Susanne zu einer Lesung eingeladen. Mit ihrer passend dunklen Stimme ist die Autorin tatsächlich eine ideale Krimi-Vorleserin.
„Ich lese also von einer Sabine, die beim Gassi-Gehen mit ihrem schwarzen Hund eine Leiche findet. Hinterher meldet sich eine Frau aus dem Publikum. Sie heißt Sabine, hat einen schwarzen Hund und der hört auf fast den gleichen Namen wie das Tier aus dem Roman. Wie haben noch viel gelacht.“ Ansonsten nimmt Susanne nur Mitmenschen in ihre Geschichten auf, die das ausdrücklich erbitten.
Was macht das Morden im Norden so außerordentlich reizvoll? Sabine und ich rätseln gemeinsam. Vielleicht liegt es an den Kontrasten. Die Fälle sind bewusst in Gegenden wie Ostfriesland angesiedelt, die eigentlich idyllisch wirken. Ein Verbrechen rüttelt diese Idylle brutal auf. Das ist in der Großstadt anders. Da erwartet man, dass das Böse hinter jeder Ecke lauert. Wenn dagegen eine Oase des Friedens in den Strudel der finstersten Leidenschaften gestürzt wird, dann ist die Fallhöhe umso größer.

Magische Inselnächte

Die ostfriesische Insel Spiekeroog gehört nachts zu den dunkelsten Orten Deutschlands. Abwertend gesagt: Spiekeroog liegt im Herzen der Finsternis. Kann man darauf stolz sein? Die Spiekerooger sind es. Sie haben es sich sogar schriftlich geben lassen. Seit 2021 ist ihr romantisches Eiland offiziell eine Sterneninsel.

Um die Haltung der Insulaner zu verstehen, kann man sich bei Eintritt der Dämmerung mitten in eines der urtümlich wirkenden Dünentäler stellen und seinen Blick himmelwärts lenken. Dorthin, wo bei klarer Sicht ein Stern nach dem anderen aufleuchtet. Bald werden im dunkel gewordenen Blau Myriaden von Himmelskörpern um die Wette strahlen. Hand aufs Herz: Wann haben wir solche Pracht zum letzten Mal gesehen? Und mal ehrlich, können wir das samtene Band der Milchstraße betrachten, ohne zu staunen?

Wer will, macht die Gegenprobe. Er sucht sich einen erhöhten Punkt auf der Insel und schaut Richtung Ort. Dann kann es sein, dass der Anblick der dortigen Lichter plötzlich störend wirkt. Obwohl sie längst nicht mehr so grell scheinen wie vor wenigen Jahren, denn Spiekeroog hat gelernt, seine künstlichen Lichtquellen umsichtiger und sparsamer einzusetzen. Der Grund: Das Zertifikat als Sterneninsel musste sich Spiekeroog erst verdienen.

Zum Prozess der Zertifizierung gehörte auch die Weiterbildung von erfahrenen Natur- und Landschaftsführern zum Thema „Dark Sky" (dunkler Himmel). Eine von ihnen ist Karen Hohn, die wir gedanklich auf einer ihrer Touren begleiten wollen.

Die Wanderung beginnt am Nordrand des Inseldorfes. Anders als andere „Dark Sky"-Führungen startet diese früh, nämlich in der Abenddämmerung. Karen Hohn möchte etwas anbieten, das für Familien mit Schulkindern geeignet ist.

„Aber auch für Erwachsene ist es faszinierend, einmal bewusst zu erleben, wie es ganz allmählich dunkel wird“, sagt sie. Die erste Station ist ein Mischwäldchen. Wer mag, traut sich mit der Führerin ein paar Schritte tiefer hinein. Die anderen warten so-

Milchstraße und Meeresleuchten am Strand von Spiekeroog.

lange draußen. Für viele der Gäste ist es eine kleine Mutprobe. Wer traut sich im Dunkeln in einen Wald? Hinterher ist es eine beglückende Erfahrung gewesen. Wo die Augen nicht regieren, empfangen Nasen und Ohren ungeahnt intensive Eindrücke: das Rauschen des Windes in den Zweigen, den Duft von Harz und Moos. Verschüttete Fähigkeiten zur Wahrnehmung werden wieder aktiv. Ein bisschen Nachtkompetenz entwickeln, so nennt die Führerin das.

Nach dem Stopp am Gehölz geht es hinauf zum Utkieker. Der Utkieker ist eine dreieinhalb Meter hohe Bronzeplastik von Hannes Hemke, die seit 2007 von einer hohen Düne aus über die Insel wacht. Für unsere Führung ist es eine besondere Stelle, erklärt Karen Hohn: „Im Zusammenhang mit der Sterneninsel ist es der sogenannte Licht-Ort, der Ort, an dem auf Spiekeroog das meiste künstliche Licht zu sehen ist.“ Der Blick nach Süden zum Ort zeigt, dass sich in den letzten Jahren einiges getan hat. Viel Licht von Straßen und Hafen wurde gemindert oder schaltet sich wie im Hafen nur bei Bedarf an. So viel Licht wie nötig, so wenig wie möglich, fordert das Konzept des Gemeinderates.

Der Blick nach Norden wiederum lenkt den Blick auf eine ganz andere Straße, die Schifffahrtsstraße: Vor den Inseln Ostfrieslands markieren Schiffsbeleuchtungen und Leuchtfeuer einige der wichtigsten Schifffahrtsrouten der Welt. Interessant ist aber auch der Blick nach Südost. Da ist über eine Entfernung von 35 Kilometern die Lichtglocke von Wilhelmshaven sichtbar. Und damit sind wir mitten im eigentlichen Thema, dem Grund, warum es in Deutschland Sternenparks und Sterneninseln gibt. Das Thema heißt Lichtverschmutzung. Mit diesem Begriff benennt man die negativen Folgen einer künstlichen Rund-um-die-Uhr-Beleuchtung, und Karen Hohn ist die Richtige, darüber leben-

dig zu erzählen. Licht im heutigen Übermaß bedeutet nicht nur einen gewaltigen Energieverbrauch, der den Klimawandel befeuert. Lichtverschmutzung lastet auch auf dem Leben und der Gesundheit von Pflanzen, Tieren und Menschen. Ein Beispiel von vielen ist der Tanz der Insekten um künstliche Lichtquellen. Er ist ein Todestanz. Weitergehende Ausfälle in den Kreisläufen der Natur sind die Folge.
Direkt unterhalb der Utkieker-Düne landet die Tour an dem Dunkel-Ort. Er ist der richtige Platz für den oben erwähnten Blick zum Sternenhimmel. Wenn Wolken es nicht verhindern, möchte Karen Hohn keine Teilnehmer entlassen, ohne dass sie wenigstens das Sternbild des Großen Bären am Himmel wiederfinden können. Eine Schautafel hilft bei der Orientierung. Der Große Bär, auch Großer Wagen genannt, liegt übrigens meerwärts, weil er ja den nach Norden weisenden Polarstern umkreist. „Manchmal passieren auch kleine Wunder", berichtet Karen Hohn. „Während ich bei bewölktem Himmel wenigstens auf der Infotafel den Großen Wagen zeige, reißt der Himmel genau an der Stelle auf und gibt den Blick auf das Sternbild frei. Als wir dann noch den Weg zum Nordstern theoretisch betrachten, wurde auch dieser kurz sichtbar, bevor sich der Himmel wieder zuzog." Es sind solche magischen Momente, die die Führerin besonders liebt.
Für Familien mit kleineren Kindern ist die Tour zu Ende. Sie werden auf sicheren Pfaden ins Dorf zurückgeschickt. Mit den anderen geht es zum Sternengucker-Ort in der Nähe des Hundestrandes. Dorthin kommt man bestimmt gerne wieder, um auf den bequemen Liegesesseln der Sterngucker-Plattform in den Himmel zu schauen. Und vielleicht im August ein paar Sternschnuppen zu entdecken. Nach alter Regel darf man sich dabei ganz fest etwas wünschen. Aber auf keinen Fall, auf gar keinen

Fall irgendjemandem den Wunsch verraten! Sonst wird er sich nicht erfüllen.
Zurück zur Wanderung. Mit fortlaufender Dauer spüren viele Teilnehmer, dass die Dunkelheit eine beruhigende, eine Frieden-bringende Funktion haben kann. Die Dichter wussten es schon immer, zum Beispiel Matthias Claudius:

„Wie ist die Welt so stille,
Und in der Dämmrung Hülle,
So traulich und so hold!“
(Der Mond ist aufgegangen, 2. Strophe)

Haben Karen Hohns Teilnehmer noch genug Kraft in den Waden, geht es abschließend zum Strand hinunter. Selbst der Strand fühlt sich in der jetzt herrschenden Dunkelheit ganz anders an. Der eine oder andere Teilnehmer wird künftig die Insel, den Strand und die Nacht mit ganz anderen Antennen wahrnehmen. Vielleicht so, wie der Nordfriese Theodor Storm den Abend am Meer beschreibt:

„Noch einmal schauert leise
und schweiget dann der Wind;
vernehmlich werden die Stimmen,
die über der Tiefe sind.“

Verabschieden wir uns von der „Dark Sky“-Führung und widmen wir ein paar Gedanken der Lichtverschmutzung. Ihre belastenden Seiten werden uns erst allmählich deutlich. Wie denn auch hätten wir das gleich bemerken können? Licht zu haben gehört zu den größten technischen Errungenschaften der Menschheit. Mit dem Licht fing alles an. Kein Schutz, keine Sicherheit ohne die helfende und tröstende Macht der Fackeln, Kerzen, Laternen, Lampen und Leuchten. Seit Anbeginn der Zeit bewegen sich alle Wesen im Rhythmus von Tag und Nacht. Wo der Rhythmus gestört wird, geht Elementares verloren. Nicht zu-

letzt nimmt unsere Gesundheit Schaden. Künstliche Helligkeit blockiert das Schlafhormon Melatonin. Das erhöht unter anderem die Gefahr von Herz-Kreislauf-Erkrankungen. Nacht- und Schichtarbeiter können ein Lied davon singen.
Den Anstoß zu weniger künstlichem Licht gaben allerdings sehr spezielle Nachtliebhaber, die Astronomen. Für Sternenbeobachter wie Andreas Hänel von der internationalen „Dark Sky Assoziation“ (IDA) sind Orte wie der Naturpark Westhavelland, der Nationalpark Eifel oder eben Spiekeroog nicht einfach Reservate der Dunkelheit. Sie können Modellbeispiele werden und zeigen, wie es deutschlandweit schlauer geht: Künstliche Beleuchtung soll nur dort und dorthin leuchten, wo das Licht tatsächlich gebraucht wird. Gern wird die Geschichte erzählt, wie Hänel bei einem ersten Besuch auf Spiekeroog glaubte, dass sein Messgerät defekt sei. Eine solch perfekte Dunkelheit hatte er weltweit nur an wenigen Orten gemessen.

Abenddämmerung vor der Sterneninsel.

Wer sich ein eigenes Bild über Lichtverschmutzung machen möchte, der sollte auf jeden Fall im Internet die Light Pollution Map suchen, die Karte der Lichtverschmutzung. Es ist schon ein merkwürdiges Bild, das wir da sehen. Emden und Wilhelmshaven leuchten in warnenden Tiefrot. Bremen und Hamburg glühen sogar heiß und weiß. So heiß, als ob sie direkt Löcher in die digitale Karte fressen wollten. Dagegen schimmern die meisten der ostfriesischen Inseln in einem kaum erkennbaren, friedlichen blassen Blau. Mittendrin Spiekeroog, die stille Sterneninsel.

Der Schwarze Prophet geht um

Ihr Männer und Frauen der ostfriesischen Lande: Seid gewarnt vor dem Schwarzen Propheten! Meidet ihn! Geht nicht hin, wenn er ruft! Verstopft eure Ohren, verschließt eure Augen, schützt eure Herzen vor dem gierigen Zugriff des Grauens! Kai Kurgan, der Schwarze Prophet, zieht wieder über Marsch und Moor. Er lehrt euch das Gruseln, wie es noch keiner verstand. Und Vorsicht: Der Schwarze kommt nie allein. Fürchtet die Macht seines holländischen Hexenmeisters, des Herrn über eine Hölle verstörender Töne, Bilder und Lichter.

Geschätzte Leserin und geschätzter Leser, dieser dramatische Vorspann ist schier unvermeidlich. Mit normalen, nüchternen Worten ist dem Phänomen Kurgan nicht annähernd beizukommen. Doch wie konnte es passieren, dass schlichte Krimi-Lesungen zur kultigen Horror-Show wurden? Weshalb strömen Menschenscharen in die Vorstellungen? Warum lassen sie sich packen von uralten Sagen und Legenden? Um Antworten zu finden, hilft es, einen Blick auf den Urheber des Ganzen zu werfen.

Man sucht nach ihm im Internet und wird nicht enttäuscht. Die Videoclips zeigen, dass ein Unverwechselbarer die geisterhaft ausgeleuchtete Szene beherrscht. Aus dem Theaternebel taucht bei unheilvoller Musik eine schwarz umhüllte Gestalt mit kräftigen Schultern und Charakterschädel auf. Sie hat die strahlend blauen Augen eines Terence Hill und und die ultraviolette Stimme eines Lee Marvin seligen Angedenkens. Schon die ersten Sätze, scharf artikuliert und rau wie

Kai Kurgan – Meister des Gruselns.

grobkörniges Schleifpapier, ziehen die lauschende Gemeinde in Kurgans düsteren Kosmos hinein. In souveränem Wechsel wandelt sich der Solist vom blutigen Mörder zum unglücklich Liebenden, zum prahlenden Pfeffersack, zum ruhelosen Toten. Fünf bis sechs Minidramen reihen sich pro Abend aneinander, zusammengehalten durch die Moderation des Schwarzen Propheten.

Im Gespräch gesteht der Bühnen-Mann, dass er von der durchschlagenden Wirkung seines Erzähltheaters zunächst selbst überrascht war: „Am Anfang war ich irritiert. Ich legte los und merkte dann, dass die Leute so gar nicht reagierten. Und am Ende einer Geschichte auch kaum applaudierten. Bis mir Leute glaubhaft versicherten, dass sie so gefangen waren und die Beklemmung am Ende umso größer.“

Inzwischen hat Kai Kurgan zusammen mit seinem Licht-, Film- und Ton-Artisten Harry de Winter gelernt, den Programm-Cocktail perfekt aufs Publikum abzustimmen: „Man muss sagen, ich erzähle zum Teil sehr düstere, makabere Geschichten. Da braucht es dazwischen ein bisschen Auflockerung, entweder durch die Moderation oder den Zugaben-Teil. Für den habe ich immer so eine Geschichte mit Augenzwinkern dabei. Man will ja nicht die Leute völlig deprimiert zurücklassen.

Vor einigen Jahren habe ich darüber verstärkt nachgedacht. Der Ukraine-Krieg begann, Corona hatten wir gerade hinter uns, da überlegte ich mir: Ja, wollen die Leute nicht doch ein bisschen mehr Spaß und Lachen? Ich biete mittlerweile so eine ausgewogene Mischung. Also das, was ich mit den Geschichten kaputt haue, das fange ich in den Moderationen immer auf. Mit so Nettigkeiten und auch kleinen Scherzen, dann eben auch in der Zugabe. Und das kommt eigentlich ganz gut an, die Leute gehen hinterher mit einem Lächeln nach draußen.“

Je schwieriger die Zeiten erscheinen, umso mehr sehnt sich das Publikum nach Aufheiterung. Humor auf der Bühne ist keine leichte Kunst. Doch noch viel schwieriger ist es, neben dem Lachen auch das Grauen überzeugend über die Rampe zu bringen. Kai Kurgan schafft es und lässt uns ganz offenherzig einen Blick in seinen Werkzeugkasten werfen.
„Entscheidend ist diese Summe an Dingen, die da passieren, wenn ich in die Geschichten hineinschlüpfe. Das fängt mit meiner Stimme an, die ist ein Gruselelement an sich. Dazu kommen die Effekte, die so düster sind, die Bilder, die eingeblendet werden. Ja, und die Geschichten als solche sind auch harter Tobak. Ich lese ja nicht einfach diese alten Sagen vor. Die Sagen sind nur wie eine Tapete für meine eigenen Geschichten. Das sind auch nicht immer solche, die gut ausgehen. Sie haben eher ein böses Ende. Dazu kommen Verkleidung, Mimik, Gestik und alles, was dazu gehört. Also dieses Gesamtpaket wirkt.
Um aus dem Nähkästchen zu plaudern. Ich schubse die Leute immer gleich ins kalte Wasser. Ich komme auf die Bühne quasi inmitten einer Geschichte, die ist sofort sehr düster. Ich ziehe alle Register, wie ein Organist, und dann kommt das Falltürprinzip, als ob radikal eine Klappe geöffnet wird und der Protagonist ins Bodenlose stürzt. Und vielleicht der Zuhörer gleich mit. Aktuell geht es um eine verlassene alte Ziegelei. Ein Mann kehrt zurück und erinnert sich an einen bösen Vorfall, den es da vor 70 Jahren mit einem Jugendfreund gegeben hat. Und das nimmt die Leute schon mit. Ich merke das.“
Was heute so perfekt und ausgefeilt wirkt, fing vor etwa 15 Jahren ganz unscheinbar an. Kai Kurgan suchte jemanden, der ihm eine Hör-CD aufnahm. Per Zufall traf er einen Musiker aus dem Nachbardorf. Der sagte nur: „Kein Problem, ich habe ein Stu-

dio zu Hause.“ So begann die Zusammenarbeit mit Harry de Winter, seines Zeichens als Sänger und Bassist eine Größe in der niederländischen Rockszene, erfolgreicher Produzent und in Deutschland als Tourmusiker von Maffay und Lindenberg mit allen großen Bühnen vertraut.
Bald war die CD fertig, aber was jetzt? Über die klassische Lesung mit Stehlampe und Sofa war Kai Kurgan hinaus. Der zündende Funke kam durch einen Satz von Harry de Winter, an den sich Kurgan noch immer schmunzelnd erinnert. De Winter damals: „Ich komme ja aus dem Showbiz, ich mache ein bisschen Nebel und ein bisschen Licht.“ Das war 2010. Was aus diesem „Bisschen“ wurde, sehen wir heute, eine perfekt orchestrierte Bühnenshow samt ausgefeilten Soundeffekten und eingeblendeten Videoclips. So etwas funktioniert allerdings nicht ohne akribische Vorarbeit. Das Feilen an einem neuen Programm beginnt im Studio mit dem Einsprechen der Geschichten. Im nächsten Schritt wird über die Soundeffekte nachgedacht. Es wird nach Bildmotiven gesucht, Video-Sequenzen werden gefunden oder gedreht.
Dabei hat das Duo die möglichen Auftrittsorte im Hinterkopf. Kirchen, Kutter oder alte Ziegelei – der Schwarze Prophet bespielt in Ostfriesland alles, was Geschichte atmet. Der Aufbau beginnt lange vor der Vorstellung mit einer Inspektion vor Ort. Überraschungen bis zum notwendigen Wechsel der Spielstätte sind nie ganz auszuschließen. Und dann? Perfekte Planung, perfekte Vorstellung? Kai Kurgan winkt ab. Live ist live, erst kleine Fehler machen das Perfekte zum Ereignis. „Neulich, am Anfang der aktuellen Tour, gab es Probleme mit der Lichtsteuerung. Immer, wenn ich im Licht stehen sollte, war es an der falschen Stelle. Ich bin dem Lichtkegel ständig hinterher gehüpft, wie damals in der Kinder-Quiz-Show, und die Leute hatten natürlich ihren Spaß.“

Doch wer steckt eigentlich hinter der Bühnenfigur des Schwarzen Propheten? Um das herauszufinden, müssen wir uns nach Weener ins Rheiderland begeben. In der Rheiderland Zeitung, der ältesten unabhängigen Lokalzeitung Ostfrieslands, melden wir uns beim Chefredakteur. Eine vertraute Reibeisenstimme heißt uns willkommen. Dagegen verrät das entspannt freundliche Gesicht des Kai-Uwe Hanken erst auf den zweiten Blick die Übereinstimmung mit dem düsteren Propheten. Schnell wird klar, wie sehr die Bühnenfigur vom Zeitungsmann profitiert. Kurgans Geschichten lebten von Hankens sorgfältiger Recherche und seiner kritischen Heimatliebe.

„Ostfriesland ist so ein Flecken. Alles, was im Großen, in der Weltgeschichte passiert, fand hier seinen Widerhall: die Hexenprozesse, die Pest. Im aktuellen Programm sind es die Hexenprozesse. Da zeige ich den Wahnsinn auf, der in der Region wütete, mit all diesem Denunziantentum. Auch wenn es in der Essenz sehr düster ist, enthält so ein Programmteil auch immer eine Botschaft."

Und gruseln sich die Ostfriesen anders?

„Ich kann das schlecht beurteilen. Vielleicht spielen bei uns die Ehrfurcht und der Respekt vor der Macht der Naturgewalten mit rein. Das merkt man, wenn man über Sturmfluten Geschichten macht. Wir sind da sehr empfänglich."

Ostfrieslands Westen lag in der Mitte

„Des Ersten Tod, des Zweiten Not …“ Wer im Moor nach dunklen Geschichten gräbt, wird immer fündig, ganz gleich, an welcher Stelle er seinen Spaten ansetzt. Ich entscheide mich für einen Ort, den ich kenne, jedenfalls zu kennen glaubte: Wiesmoor. Doch die Stadt überrascht mich. Sie erzählt ihre eigene Geschichte. Die ist spannend, aber überhaupt nicht die, an die ich eigentlich gedacht habe.
Neugierig betrete ich an einem kühlen Märztag das Eingangsgebäude des Torf- und Siedlungsmuseums. Fleißige Hände haben das Haus nach dem Muster einer historischen Fehnkneipe gebaut. Das Innenleben schickt den Besucher auf eine Zeitreise zurück in die Kaiserzeit und zurück in die Anfangsjahre der Stadt. An diesem Tag umsorgt Vorstandsfrau Arianne Schoon die Nachmittagsgäste. Sie lotst mich in einem Nebenraum. Dort warten meine Gastgeber Jürgen Kleen und Alfred Meyer am gedeckten Teetisch. Gleich wird Günter Peters dazustoßen. Die drei begrüßen mich mit einer echten ostfriesischen Teetied. Als Kaffeetrinker und Nicht-Ostfriese stelle ich mich recht ungeschickt an. Aber das scheint man mir zu verzeihen.
Während wir trinken und reden, umfängt mich wieder das Zeitreisegefühl. Die Ausstrahlung unserer liebevoll eingerichteten Gaststube mit den dunklen Stühlen, den geschnitzten Rückenlehnen, dem Wandregal mit der Porzellanuhr und dem zierlichen Teeservice tut ihre Wirkung. Zunächst klönen wir über die Häuser des Freilichtmuseums. Ihre Vorbilder wurden zwischen 1870 und 1920 aus solidem Torfbrand-Klinker gemauert und teils mit Reet, teils mit Dachziegeln gedeckt. Somit stammen sie aus dem Beginn der „Steinzeit“, scherzt Alfred Meyer. Denn bis dahin wurde billiger gebaut: mit Lehm auf Fachwerk, die Dä-

Das Torfkraftwerk um 1910.

cher strohgedeckt. Der Brennstoff für Öfen und Kamine blieb allerdings der gleiche: Torf. Auch dabei gab es einen Epochenwechsel, denn das Torfstechen per Hand wich dem industriellen Abbau mit großen Maschinen. Nur für den Eigenbedarf griff man weiterhin zu Bunkspaten, Stechspaten, Setzforke und den Geräten zum Trocknen und Wenden.

Langsam ahne ich etwas. So ganz nebenbei erzählt die romantisch liegende Museumsanlage nämlich eine Legende wie aus einem US-amerikanischen Western. Es ist die Legende einer Stadt aus dem Nichts. In Ostfrieslands Mitte ein Wilder Westen? Ein wenig schon. Wiesmoors Start mit einer Beschleunigung „von null auf hundert" hält jedem Vergleich stand, den mit amerikanischen Goldgräberstädten und dem mit Teslas heiß diskutiertem Fabrikneubau in Brandenburg. Nur der Stil war anders als in Wildwest und bei Tesla, genauso zupackend, doch preußisch korrekt und friesisch solide.

Vor 120 Jahren war das Wiesmoor eine unbesiedelte Öde. In diesem weiten Hochmoor gab es nichts von Menschenhand außer einer Landstraße, die ihren Namen kaum verdiente. Irgendwo rundum lagen in der Ferne zwei Handvoll Moorkolonien, in denen Siedler um eine karge Existenz kämpften. Das war alles. Aber im Februar 1906 stapfte ein Trupp Männer durch das unwegsame Land. Das nasskalte Ekelwetter konnte die Herren von der Zentralen Moorkommission Preußens nicht abschrecken. Sie hatten eine Vision und sie fassten einen Beschluss. Dem Moor würden sie ans Leder gehen, besser gesagt an den Torf. Und zwar nicht mit dem Spaten, sondern mit den Möglichkeiten des Industriezeitalters – mit seinen neuartigen Riesenbaggern und Torfpressen. Ein Dampfkraftwerk von Siemens sollte den Torf zu Strom verheizen und als Überlandzentrale einen Bereich weit über Ostfriesland hinaus mit Energie versorgen.

Trotz einiger Widerstände ging es Schlag auf Schlag. Noch im gleichen Jahr fiel der Startschuss für die Verlängerung des Nord-Georgsfehn-Kanals, bereits im nächsten Jahr sorgte ein Mini-Kraftwerk für die Stromversorgung der Bagger, daneben wuchs die große Überlandzentrale hoch. Ende 1909 wurde sie fertig, nur drei Jahre nach Projektstart.

Das war der wahnwitzig schnelle Anfang und längst nicht das Ende. Bald lieferten riesige Glashäuser Gurken und Tomaten, beheizt durch die Abwärme des Kraftwerks. Weiteres Gewerbe zog nach. Menschen siedelten sich an. Sie wurden Arbeiter und Handwerker im Torfkraftwerk. Sie wurden Gartenarbeiter in den großen Gewächshäusern. Sie wurden Siedler. Sie gründeten Werkstätten und Läden.

Als in den 1960er-Jahren das Kraftwerk abgerissen wurde, blühte Wiesmoor trotzdem weiter. Heute erzählt das Torf- und Siedlungsmuseum nicht nur die Geschichte von der Kolonisation mit Stechspaten und Tragkorb (und das sehr lebendig in seinen originalgetreuen Klinkergebäuden). Es hält auch die Erinnerung an den Blitzstart eines Industriestandortes wach, unter

anderem mit einem großen Modell des Wiesmoor von damals, samt Kraftwerk, Kanal und Gewächshäusern.
Meine Gastgeber sind allerdings ganz Menschen der Gegenwart. Sie erzählen von ihrem Museum, das mit viel Liebe, Ausdauer und Arbeitseinsatz zu dem geworden ist, was es heute ist. Ich bin beeindruckt, aber im Nachhinein hat mich fast noch mehr die Geschichte ihrer Stadt gepackt, die auch die Geschichte meiner Gesprächspartner ist und die ihrer Familien.
Alfred Meyers Urgroßvater, Hermannus Dietermann, kam aus dem Holländischen. Für die Firma Strenge aus Westerstede bediente Hermannus den ersten von Dampfmaschinen betriebenen Torfbagger, der in Wiesmoor beim Torfabbau eingesetzt wurde. Im Gegenzug für die Zuteilung einer Siedlerstelle blieb er und schulte die erste Generation hiesiger Baggerführer. Urenkel Alfred Meyer engagierte sich als populärer Ehrenamtler und erfolgreicher Bürgermeister für Wiesmoors Zukunft, hat viel fürs Museum getan, nicht selten im Zusammenspiel mit Günter Peters.
Günter Peters stammt aus einem Nachbarort und ist mit Wiesmoor und dem Museum eng verbunden. Sein Vater entkam der ungeliebten Aussicht, geschundener Bauernknecht zu werden, weil das Torfkraftwerk Arbeit für alle bot. Später hat er nicht in den Krieg ziehen müssen, denn als Kraftwerker galt er als unabkömmlich. Günter Peters selbst vertrat lange Zeit und mit viel Herz für arbeitende Menschen seinen Landtagswahlkreis als gewählter Direktkandidat. Das schloss den Einsatz für den Museumsaufbau oft genug ein.
Jürgen Kleen stellt sich mir als Lokführer der Museumsbahn vor. Tatsächlich ist er ein Mann, der neben Arbeit viel Wissen über das Moor wie über den Torfabbau und seine Geschichte einbringt. Kein Wunder, denn Kleen hat beruflich bei der Torf- und Siedlungsgenossenschaft Wiesmoor gearbeitet und unter ande-

rem die Loren-Bahnen in Gang gehalten. Er kann so gut planen wie selber zupacken und organisierte fürs Museum den Bau der Gleisanlage. Noch heute leitet er den Betrieb der Bahn und die Ausbildung von Nachwuchs-Lokführern.

Ähnlich wie den Dreien geht es den vielen anderen Ehrenamtlern, die mit anpacken. Dies ist ihr Museum, ihr Werk. Es bewahrt ein Stück von ihrem Leben und von dem ihrer Eltern und Großeltern, den Pionieren der ersten Stunde. Längst haben die Menschen in der Stadt aus dem Nichts tiefe Wurzeln geschlagen. Ihr Heimatgefühl ist mindestens genau so stark wie an irgendeinem anderen Ort Ostfrieslands.

Bei den früheren Besuchen in der Blumenstadt Wiesmoor habe ich ihre Industriegeschichte glatt übersehen. Meist kam ich von Süden. Die Fahrt längs des Kanals, vorbei an Gärtnereien, Baumschulen, Gewächshäusern vermittelte mir nur das Bild eines florierenden Versorgungszentrums für die nähere und wei-

Torfumsetzmaschine im Moor- und Siedlungsmuseum.

tere Umgebung. Wenn ich zwischen Sparkasse und Rathaus parkte, um meine Brötchen zu kaufen, ahnte ich nicht, dass genau hier einmal das Kraftwerk stand.
Umso nachdenklicher stehe ich am Ende meines Besuchs vor den riesigen Maschinen im Außenbereich des Torf- und Siedlungsmuseums. Das Dahindämmern der stählernen Technik-Dinos vermittelt einen Hauch von der Melancholie einer verlassenen Goldgräberstadt. Der Torfbagger ist von der Firma Strenge, aber ein viel „modernerer" als der, den Urgroßvater Hermannus bedient hat. Auch die anderen Großgeräte sind eher von der Generation, mit der in den 1960ern alles zu Ende ging: der Bunkbagger, die Krabbermaschine, der Sodenumsetzer und der Sodensammler. Sie werden nie wieder zum Laufen gebracht werden. Mit ihren Vorgängerinnen begann ein Zeitalter, mit ihnen hat es geendet.

Lichter in der Nacht

Mia grinste sich eins. Mit der überlegenen Weisheit ihrer 14 Lebensjahre fand sie ihre Familie manchmal peinlich, aber viel häufiger zum Lachen. Sie plauderten am sonntäglichen Frühstückstisch über die Segeltour von Mutter und Kindern mit Tante Wiebke, die bei Emden ihr Boot liegen hatte. „Wir sollten auf jeden Fall auch nachts hinausfahren", hatte Mias kleiner Bruder eingeworfen, „um die Kursbestimmung nach Leuchtfeuern zu testen". Nachts auf der viel befahrenen Außen-Ems!?
Finn war ein echter Nerd, vom Krabbelalter an auf alle Sorten von Lichtern fixiert. Seit seinem Besuch in der Verkehrszentrale Ems, Tante Wiebkes Arbeitsplatz, fokussierte er sich auf Leuchtfeuer

entlang der Ems und auf den ostfriesischen Inseln. Sein Lieblingsthema war die fortdauernde Bedeutung von Leuchttürmen und Leuchtbojen im Zeitalter der elektronischen Navigation.
Bevor Finn zum Vortrag ausholen konnte, sah Mutter auf die Uhr und leerte ihre Kaffeetasse.
„Ich habe mich mit Wiebke zum Chatten verabredet. Räumt ihr ab?“ Papa nickte ergeben und Mia huschte aus der Küche und Mama hinterher, bevor sie zum Helfen verdonnert werden konnte. Nach dem Videoanruf mit Tante Wiebke starrte Mama leicht genervt auf das Display. Mia konnte nicht anders, sie musste schon wieder grinsen.
„Mama, du hast den Mund aber ganz schön voll genommen.“
„Wieso das denn?“
„Ich darf zitieren, Mama: Finn kennt mit Sicherheit jedes Leuchtfeuer an der Unterems, samt Kennung, und Mia ist eine volle Kraft an Bord, reif für den Sportbootführerschein.“
„Ach, stimmt doch fast!“
„Fast, liebste Mama, fast! Und den Führerschein See gibt es für Boote mit größerem Motor erst ab sechzehn.“
Jetzt musste Mama über sich selbst lachen, und schmiss mit Eddie, Finns abgeliebtem Kuschelbären, nach ihrer Tochter.
„Weißt du, deine liebe Tante, meine hochverehrte Schwester, kann manchmal ziemlich überheblich sein. Hast ja gehört. Mit uns Ostsee-Seglern auf keinen Fall durch die Emsmündung schippern! Irgendwie hat sie ja recht. Ehrlich gesagt fühle ich mich zwischen den Inseln tatsächlich wohler als auf der Ems.“
„Geht mir auch so, Mamilein. Norderney soll schön sein.“
Mia rettete Eddie aus den Zähnen der frechen Hundemischlingdame Cissi und trollte sich zufrieden auf ihr Zimmer. Über die Entscheidung für Norderney als Ausgangshafen war sie erleichtert. Mit dem Segeln auf der Ostsee hatte sie keine Probleme,

aber die Nordsee mit ihren Gezeitenströmungen und wandernden Sandbänken, die war bestimmt eine andere Nummer. Was sie sich über Unterems und Außenems angelesen hatte, war noch weniger ermutigend. Ein tolles Revier, aber nichts für Anfänger. Dicht befahrene Seeschiffsroute ... Ausrüstung mit DSC-Funkgerät und AIS empfohlen ... Segelboote sollten Motor standby halten … Schwere Dünung, wenn Wind und Tide direkt gegeneinander stehen ...

Auf Tante Wiebke Revier-Erfahrung war bestimmt Verlass, auf Mamas Segelkunst auch, aber mit ihrem unbeholfenen Bruder und Cissi an Bord wollte sie die Nordsee-Segelei lieber im Schutz der Inseln kennenlernen. Mia rollte sich vom Bett und und klopfte bei Finn an. Ein halbrundes Lämpchen über der Tür verriet jedem, wer hier wohnte. Es zeigte nämlich die Farben eines Leitfeuers. Backbords, also links, strahlte das Licht rot. Steuerbords oder rechts war das Licht grün. Der breite Mittelsektor signalisierte in Weiß, dass der Kurs stimmte. Finn hätte gerne eine Blinkkennung gehabt. Aber das Ding war ein Geburtstagsgeschenk von Mia aus dem Vorjahr, und damals waren ihre Bastelfähigkeiten noch nicht so weit.

Die Nachricht von der Entscheidung gegen die Ems und für Norderney quittierte der Junge mit einem wütenden Tritt gegen den Schreibtisch. „Ich habe gerade mein Referat fertig. Jetzt kann ich es nicht mehr halten. Schau!“ Mia nahm den Ausdruck. Der Titel war echt Finn, hochgestochen und gar nicht passend für einen Elfjährigen: „Die Aufgaben eines Wasserstraßen- und Schifffahrtsamtes (WSA) am Beispiel des WSA Ems-Nordsee. Unter besonderer Berücksichtigung der aktiven Leuchttürme und Leuchttonnen der Emsmündung.“

Es brauchte zehn Minuten Beruhigungsarbeit, bis der verpeilte Finn verstand, dass er das Referat trotz der Verlegung ihrer

Moderne Wracktonne über dem versunkenen Frachter Verity.

Bootstour halten konnte. Mia sagte außerdem zu, es sofort gegenzulesen. Sie nahm den 16 Seiten starken Hefter mit auf ihr Zimmer. 16 Seiten! Als Elfjähriger! Mia kicherte erneut.

Wie sie vermutet hatte, fanden von den vielen Aufgaben der Emder Behörde nur zwei Erwähnung: die Überwachung und Betreuung der Leuchtfeuer sowie die Schiffsüberwachung durch die Verkehrszentrale Ems in der Knock. Die Kinder hätten bei ihrem dortigen Besuch bei Tante Wiebke zu gerne die große Kontrollkanzel mit Panoramablick über die Ems besichtigt, aber ein Blick von außen musste reichen.

Zur Überwachung der Leuchtfeuer hatte Finn einen interessanten Hinweis von Wiebke ins Referat übernommen: „In den nächsten Jahren wird die Licht- und Fernwirktechnik der Leuchtfeuer an unseren Küsten gründlich erneuert werden. Das soll die Technik vereinheitlichen, die Arbeitsteilung optimieren und alles besser vernetzen und bündeln." Genaueres wollte die Tante nicht verraten: „Alles noch in Vorbereitung." Mia zuckte mit

den Achseln. Aber die Sache mit der Schiffsüberwachung fand sie spannend und lustig. In Finns Worten: „Der Grenzverlauf im Mündungstrichter der Ems ist zwischen Deutschland und den Niederlanden umstritten. Die Deutschen sehen die Grenze am linken Ufer. Die Niederländer sehen die Grenze in der Mitte der Ems.“ Wer sollte also für die Überwachung zuständig sein? Mia erinnerte sich gut an Wiebkes Kommentar zum Grenzstreit: „Dumme Leute streiten sich, Vernünftige finden eine Lösung.“
Die Lösung ist die gemeinsame Verkehrszentrale an der Landspitze Knock. Deutschland kümmert sich um Personal und Technik, beide Staaten teilen sich die Kosten. Die Zuständigkeit von Ems-Nordsee umfasst außerdem das Wattenmeer um die Ostfriesischen Inseln mit Ausnahme von Wangerooge. Weiter draußen ist dann das WSA Weser-Jade-Ems zuständig. In Finns Referat folgten jetzt die Abschnitte über die Leuchtfeuer und Leuchttonnen. Mia stöhnte. Typisch Finn, trocken, detailverliebt und für Normalschüler langweilig. Für die spätere Präsentation des Referates würde der eigenartige kleine Bruder einige Hilfe brauchen.
Als Mitglied der schulischen Robotik-AG hatte sie gleich ein paar Ideen. So einen wartungsarmen und auswechselbaren Tonnenaufsatz mit LED-Laterne, Solarmodul und Akku würde sie mit Finn als Modell nachbauen können. Einschließlich einer Fernbedienung. Denn was hatte Wiebke noch gesagt?
„Tonnenleger können schon aus hundert Metern Entfernung per Funk-Fernbedienung Daten der LED-Tonne abfragen und Einstellungen vornehmen. Aber ihr werdet unsere Gustav Meyer viel seltener als früher bei der Tonnenwartung sehen, weil die LED-Technik x-mal länger hält.“
Abends im Bett packte Mia wieder die Aufregung über den Inseltörn mit Tante Wiebke. Sie sah alles schon vor sich: Span-

nende Fahrten durch die Seegatts zwischen den Inseln, Trockenfallen bei Ebbe im Watt, die kleinen Hafenorte an der Küste, Mondscheinnächte am Strand.
Zum Pflichtprogramm würde eine Besteigung des Norderneyer Leuchtturms gehören. Der achteckige, 150 Jahre alte Backsteinriese war mit seinen 253 Stufen zur Aussichtsplattform eine sportliche Herausforderung. Aber an klaren Tagen kann man fast die gesamte Inselkette bis Borkum und Spiekeroog mit bloßem Auge überblicken. Ihr nerdiger Bruder wird sich wahrscheinlich mehr für die 3,5 Tonnen schwere Fresnel-Linse des Turms interessieren. Jedem, wie er mag, dachte sie, grinste zum letzten Mal an diesem Tag und schlief ein.

Ja, ich will

Wir begleiten eine Nachtwanderung auf Borkum. Der Führer Nils Nörtemann sieht aus wie ein Friese aus dem Bilderbuch: muskulöse Schultern, grauer Bart, ein Seemannsring im Ohr. Das Gleiche gilt übrigens auch für seinen Kollegen und Kumpan Berend Baalmann. Künftigen Teilnehmern sei es gleich verraten: Sie werden mit haarsträubenden Geschichten versorgt werden. Da geht es um Strandraub, Wasserleichen und untote Wiedergänger. Nichts für zahme Gemüter? Keine Sorge, die humorvolle Art von Nörtemann und Baalmann nimmt dem Grauen den Stachel. Genießen Sie also entspannt den angenehmen Gänsehaut-Kitzel!
Ein gewisses Unbehagen mögen teilnehmende Singles (m/w/d) empfinden, wenn Nörtemann auf die rabiaten Heiratssitten zur Walfängerzeit zu sprechen kommt. Gerne erzählt der Borkumer,

wie es damals zuging. Im 18. Jahrhundert waren die arbeitsfähigen Männer der Insel von Frühjahr bis Herbst auf den Weltmeeren unterwegs. Sie fuhren auf niederländischen Walfangschiffen mit, ob als einfacher Decksmann oder als verantwortlicher Kommandeur und Miteigner. Die Konsequenzen beschreibt Nörtemann augenzwinkernd so:
„Die Familienplanung im 18. Jahrhundert war aufgrund des geografischen Raumabstandes in den Frühjahrs- und Sommermonaten in der Regel auf den Winter komprimiert.“ Es musste also schnell gehen. Deshalb wollte der weibliche Nachwuchs Borkums nichts dem Zufall überlassen. Rechtzeitig vor dem Herbst begannen diskrete Planungen für ein Verfahren, das der Gästeführer mit dem Speeddating des 21. Jahrhunderts vergleicht.
Bald nach Heimkehr der Seefahrer wurden nämlich seitens der Damen Einladungen zu einem geselligen Gruppenabend ausgesprochen. Calvinistisch streng nach Geschlechtern getrennt und scheinbar sittsam saß sich das Jungvolk in zwei Reihen gegenüber, trank Tee und plauderte unverbindlich. Währenddessen wanderten durch Blicke und Gesten stille, aber deutliche Signale hin und her. Nächtlicher Herrenbesuch in Damenstuben wurde diskret programmiert.
Auf solche Besuche hatte die Inselgesellschaft nur gelauert. Das betreffende Haus wurde umstellt, der heißblütige Junggeselle durch nachhaltiges Türklopfen herausgebeten. Folgte er der Bitte nicht gleich, sorgten ein verstopfter Schornstein und ein Torfrauch-verqualmtes Haus für raschen Sinneswandel. Und dann kam das handgreifliche „Bet-Nehmen“ zum Zuge, das Ins-Gebet-Nehmen. „Hast du eheliche Ziele oder suchst du nur ein Abenteuer?“ Die Wahl der Antwort fiel den meisten Ertappten leicht, denn die Alternative war bekannt. Ein mehrfaches Eintauchen in das winterlich eiskalte „Lange Wasser“ führ-

te regelmäßig zur Einsicht in das Unvermeidliche. Schon vor dem angedrohten Ertränken des Jung-Mannes war die ertappte Jung-Frau nach ihren Zielen befragt worden. Fiel ihre Antwort ebenfalls positiv aus, ging es noch in der Nacht johlend und rufend zum Pastor, der das Aufgebot ins Kirchenbuch einzutragen hatte, um es am nächsten Sonntag zu verkünden.

Hochzeitsort Johannes a Lasco Bibliothek in Emden.

Raue Sitten waren das, doch Nils Nörtemann beruhigt und wirbt um Verständnis: „Ein Blick in die Kirchenbücher zeigt, dass Tod durch Waterboarding nicht vorkam. Im Gegenteil, das Bet-Nehmen hat dazu geführt, dass während des Walfangs auf Borkum keine einzige uneheliche Geburt zu verzeichnen war.“ Und das war für die wenige Hundert Seelen umfassende Inselgemeinschaft, in der alle in Frieden miteinander auskommen mussten, die Hauptsache. Die ganze Geschichte und mehr Storys über Borkum kann man übrigens im Netz nachlesen, unter watthanse.de

Mitdenkende Leser könnten sich fragen, ob vielleicht die junge Dame selbst den Sittenwächtern einen Tipp gegeben hat, wann die Borkumer Art des bayrischen Fensterlns stattfinden sollte. Nils oder Berend hätten bestimmt eine passende Antwort parat. Und heute? Ticken die Ostfriesen anders, wenn es um den Bund fürs Leben geht?

Eigentlich nicht. Hier wie überall geht der Trend dazu, erst einmal ohne Trauschein zusammenzuleben. Bis die Betreffenden merken, dass es passt, und Nägel mit Köpfen machen. Was dann? Da gehen in Deutschlands Nordwesten die Meinungen auseinander, genau wie überall. Die einen planen die Hochzeit ganz klassisch, mit kirchlicher Trauung, mit einer Braut ganz in Weiß und mit anschließender Kutschfahrt zum Festlokal. Andere Trauwillige buchen beim Hochzeitspalast gleich das komplette Paket mit Hochzeitsredner und DJ. In einem sind sich die meisten Ostfriesen jedoch einig: Freunde und Familie müssen dabei sein.

Besonders heiratswütig sollen die Menschen in Ostfrieslands Kreisen Wittmund und Aurich sein. Jährlich eine Hochzeit auf je hundert Einwohner, das kratzt am deutschen Rekord. Emden kam dagegen im Jahr 2021 als Rekordhalterin in Sachen

Scheidungen in Verruf. Ein Onlinedienst wollte ausgerechnet haben, dass sich die Emder und Emderinnen fast so oft scheiden lassen, wie sie heiraten. Prompt lästerte die Zeitung mit den vier Buchstaben in gewohnt dicken Lettern: „Der kürzeste Ostfriesenwitz: Ja, ich will!“ Emdens Pressesprecher Eduard Dinkela kann dazu nur noch müde lächeln: „Fake News, gestützt auf nicht vergleichbare Zahlen.“ Die Hochzeitszahlen beziehen sich nämlich nur auf das städtische Standesamt. Bei den Scheidungsfällen wird dagegen das gesamte Umland mitgezählt. Denn auch dort gibt es zwar Standesämter, aber keine Scheidungsrichter wie am Amtsgericht Emden.
Die angebliche Heiratswut rund um Wittmund und Aurich löst sich bei genauer Betrachtung ebenfalls in Luft auf, sozusagen in Nordseeluft. Ostfriesland ist nämlich ein attraktives Heiratsparadies für Urlauber. Einer von dreißig angebotenen Plätzen jenseits der üblichen Standesamt-Zimmer ist der Leuchtturm von Pilsum, berühmt geworden durch Otto Waalkes und die Kinderbücher über Lükko Leuchtturm. Zu 99 Prozent sind es Urlauber, die hier zu Ja-Sagern werden. Bei dem großen Andrang ist rechtzeitige Planung angesagt, warnen uns Hella und Bernd aus Bochum: „Wir mussten schon im Herbst des Vorjahres buchen.“ Weil sie in der Corona-Zeit heirateten, durften nur zehn Gäste mit in den Turm. Inzwischen wäre wieder mehr Platz. In weiser Voraussicht hatte Hella ihre Brautgarderobe auf die 58 Stufen vom Deichfuß bis zur Turmspitze ausgerichtet. „Der Ausblick vom Trauzimmer ganz oben war herrlich“, schwärmt Hella. Bis nach Borkum und Juist reichte der Blick. Vor der Rückkehr zu den Wagen suchten sich Hella und Bernd noch einen Platz für ihr Liebesschloss zwischen der ungeheuren Masse an Treue-Pfanden aller Farben und Formen, die bereits an dem langen Stahlgitter die Bünde fürs Leben verkörpern.

Übrigens hatte Bernd Glück, dass er nach der Hochzeit keine Prügel bekam. Dass soll nämlich vor dreihundert Jahren in manchen Dörfern zwischen Leer und Wittmund anders gewesen sein. Wenn Brautleute die Kirche verließen, „schlug hinzugelaufenes Volk den Bräutigam mit Büschen, Stöcken und Hüten". Eine besondere Rolle spielten sprossende und grünende Zweige. So sollte der Geschlagene von Lebenskraft, Wachstumsgeist und Fruchtbarkeit der Natur überströmt werden. Ob es geholfen hat?

Spökenkieker sehen selten Gutes

In einsamen Gegenden unserer Küste, dort wo die Menschen und Gemeinden sehr auf sich selbst gestellt leben, da waren und sind die Spökenkieker zu Hause, die Spukseher. Das sind Menschen, die mit der Gabe des Zweiten Gesichts gesegnet sind. Oder verflucht ... Spökenkieker sehen entweder Dinge, die an einem anderen Ort gerade passieren oder schon passiert sind. Oder sie blicken auf Künftiges. Wenn Menschen auf diese Weise spökenkieken oder „Gesichte haben", bedeuten das meist wenig Gutes. Das belegt die folgende Geschichte, die ein achtenswerter und zuverlässiger Zeuge überliefert hat.
Es war einmal ein Bauer, der lebte vor etwa dreihundert Jahren in Ostfriesland direkt hinter dem Seedeich bei Dornum. Während einer Sturmflut überfiel ihn aus dem Nichts eine Vorahnung, dass eine noch viel größere Flut über die Küste hereinbrechen würde. So hoch käme die, dass eine Schmack, ein zweimastiger Küstensegler, an seinem Haus vorbeifahren würde. Sein Bericht erregte Aufsehen, wurde von den einen mit Erschrecken aufge-

nommen, von den anderen mit Spott. Die Prediger schimpften über den Unfug, riefen aber zu Buße und Einkehr auf. Der Seher selbst, der nur hatte warnen wollen, war über die heftigen Reaktionen schockiert und besorgt. Er musste sich einige strenge Ermahnungen anhören. Er sollte künftig solche Reden lassen und sich wieder zu Gott zu bekehren.
Was muss den guten Mann für ein Grausen durchschüttelt haben, als seine Vision wenige Jahre später schreckliche Wirklichkeit wurde! Sie kam in Form der berühmt-berüchtigten Weihnachtsflut vom 24. auf den 25. Dezember 1717. Als eine der Ersten wurde damals die Hofgemeinschaft des hellsichtigen Bauern durch die Flutwelle überrascht, und sie konnte sich nur mit knapper Not auf den Dachboden retten. Dort hockten sie nun aneinandergedrängt, zitternd, frierend und betend, und starrten durch die vom Sturm zerfetzte Dachbedeckung auf die tobende See. Sie alle wussten von der Prophezeiung des Hausherren.
Da wurde sogar das unwahrscheinlichste Detail der Vorhersage zur Realität. Ein großer Wattsegler hatte sich im Emder Hafen losgerissen, war westlich von Dornum über den Seedeich hinweg geschwemmt worden und trieb jetzt direkt auf den Hof zu. Er drohte ihn zu rammen und alle in die Fluten zu stürzen. Könnt ihr euch vorstellen, auch nur annähernd vorstellen, welch kalte Hand nach den Herzen dieser armen Menschen griff? Zum Glück entdeckte der Schiffer an Bord die verzweifelt Winkenden auf dem Dachboden. Er konnte gerade eben erreichen, dass der Frachtkahn nicht das Haus rammte, sondern die Scheune daneben. Letztlich blieb das Schiff aber doch am Haus hängen, bis es sich wieder losriss und schließlich am Geestrand bei dem Ort Fulkum strandete. Fulkum lag damals drei Kilometer von der Küste entfernt. Insgesamt ist das Schiff rund sieben Kilometer übers Land gejagt.

Skeptiker werden sich bei Durchsicht der Berichte fragen, wieso die guten Leute überhaupt etwas sehen konnten. Wenn ich alle Zeitangaben richtig deute, geschah das Ganze immerhin in finsterster Nacht. Aber am 20.12. war Vollmond. So mag ein kräftiger Mond zwischen den vorbeirasenden Wolken aufgetaucht sein und hell genug geschienen haben. Bald nach der Schreckensnacht musste der Bauer vor dem Gericht in Dornum eine offizielle Erklärung über seine Vision abgeben. Deshalb ist sie uns sozusagen amtlich überliefert. Der Pastor Johann Christian Hekelius hat sie aufgeschrieben und 1719 drucken lassen. Hekelius wusste, was er schrieb. Der Chronist der Weihnachtssturmflut wirkte nämlich als Pastor in Resterhafe bei Dornum und behauptete, er hätte den Segler an dem dortigen Pastoratshügel vorbeitreiben sehen.
Die Weihnachtsflut von 1717 verwüstete die Küste von den Niederlanden bis ins heutige Dänemark. Sie fraß 11 500 Menschenleben. Außerdem wurden allein in Ostfriesland 900 Häuser weggespült und 1800 beschädigt. Die Ostfriesen verloren 2300 Pferde, 9500 Rinder, 2800 Schafe und 1800 Schweine.
Aber was sind schon Zahlen? Einen lebendigen Eindruck von dem Grauen jenen Nacht vermittelt uns die Beschreibung eines Einzelschicksals. Der Pastor Johann Friedrich Janssen aus dem jeverländischen Neuenende hat es uns in seiner altertümlichen Sprache überliefert. Janssen erzählt in seinem leicht gekürzten Bericht Folgendes:
„Ein Mann mit Namen Brunke Gerdes im Wangerland geht um 11 Uhr des Nachts bei Minsen nach dem Deich. Dort hat er des Tages vorher Holz geschlagen. Das will er sichern, dass das Wasser es nicht fort treibt.
Er ist aber kaum dahin gekommen, so ist das Wasser schon so hoch, dass er über Hals und Kopf nach Hause eilen muss. Kommt auch mit genauer Not dahin. Doch gerade vor seinen

Historische Darstellung der Flut.

Augen nimmt die Flut sein ganzes Haus samt Weib und Kindern. Er aber ergreifet einen Weidenbaum bei dem Hause, woran er sich hält. Nebenan sitzt sein Nachbar auf dem Dach, ein Mauermann. Der hört ihn beten und will ihn zu sich rufen. Brunke aber meinet, doch sicherer zu sein, wann er da bei dem Baum bleibe, weil Nachbars Haus auch weggehen könnte. Er glaubte, sich so lange am Baum zu halten, bis das Wasser gefallen. So hat er über fünf Stunden gestanden, dass das Wasser bald über seinen Kopf gegangen, bald nicht. Allein, da das Wasser lange anhält bis zum Morgen, so erkältet er endlich der Art, dass er bei anbrechendem Tage seine Hände loslassen und unter lautem Gebet mit dem Wasser fortgehen muss."

Diese Sturmflut war beileibe nicht die einzige, die die Küste heimgesucht hat. Im Januar 1718 kam die nächste schwere Flut, und das Land war bereits durch vorhergehende Kriege verwüstet und verelendet. So holten Hunger und Seuchen noch lange ihre grausame Ernte.

Die Botschaft der Emder Bunker

Die Emder lieben ihre Bunker. Merkwürdig! Kann man Bunker lieben? Aus dem Hochbunker in der Holzsägerstraße hat die Hafenstadt sogar ein Museum gemacht. Genauer gesagt die Bürger, die in ihrer Begeisterung für das Projekt die Oberen mitgerissen haben. Für ein Bunkerprojekt?? Bevor wir der Sache nachgehen, folgen wir Marten Klose vom Bunkerverein in einen Raum des Betonmonsters. Dort ist das Grauen zu spüren, das hinter diesen Mauern zu Hause war. Eng war es, die Luft abgestanden, die Bänke waren hart. Damals roch es außerdem nach Urin und Schweiß, erklärt Klose, und die Schutzsuchenden hatten furchtbare Angst vor dem, was sie später draußen erwartete. Eine Vorahnung gab es jedes Mal, wenn die ein Meter dicken Mauern durch Explosionen ins Schwanken gerieten.
Der schwerste Bomberangriff begann am Abend des 6. September 1944. „Um 18:54 Uhr blieben die Uhren in Emden stehen“, berichtet Ortschronist Dietrich Janßen. Als sich die Emder am nächsten Morgen aus den Bunkern wagten, war ihre Stadt eine brennende Schuttwüste geworden. Ihr Hab und Gut war zerstört, 500 Jahre stolzer Baugeschichte vernichtet. Aber – ein großes Aber: Die Menschen hatten überlebt.
Emden war neben Wilhelmshaven die einzige Stadt, in der es für fast alle Einwohner Bunkerplätze gab. Allerdings nicht für die Kriegsgefangenen und Zwangsarbeiter, die die Schutzbauten errichten mussten. Die durften nicht mit hinein. Darauf kommen wir noch.
Halten wir zunächst fest: Mehr als 100 kleine und 35 große Bunker sorgten dafür, dass die Zahl der Toten in der Stadt an der Ems gering blieb. Für die Emder bedeuten die Bunker deshalb nicht nur eine Erinnerung an Tod und Vernichtung. Sie sind den

Menschen vor allem ein Symbol für Schutz, Rettung und Überleben in finsterer Zeit. Und das kann man lieben. So weit, so gut. Gehen wir weiter. Zum 50. Jahrestag der Zerstörung hatten ein paar engagierte Emder die Idee, einen der übrigen 31 Hochbunker für 30 Tage der Öffentlichkeit zu öffnen, und zwar den leer stehenden in der Holzsägerstraße. Das Bundesvermögensamt als Besitzer und die Stadt stimmten zu. Was dann kam, beschreibt Marten Klose als Dammbruch.

„Als hätte jemand ein Ventil geöffnet, als hätten die Emder nur darauf gewartet, dass sie endlich mal rauskönnen mit ihren Erinnerungen, mit dem, was sie belastet hat, mit dem Trauma der Bombardierungen." Fünftausend Menschen kamen in dieser kurzen Zeit. Zum Schauen, zum Erzählen und auch mit Erinnerungsstücken.

Gunter Hummerich, Mann der ersten Stunde und wie Dietrich Janßen liebevoller Chronist seiner Stadt, bestätigt Kloses Dar-

Marten Klose, einer von vielen Ehrenamtlern.

stellung aus eigener Erinnerung: „Es war gewaltig. Mit Gegenständen und Erinnerungen kam vor allem die Generation zu uns, die das alles miterlebt hat. Aber auch die, die das Elend nicht miterlebt haben, waren beeindruckt."
Das konnte nicht alles gewesen sein, nicht nach solchem Echo. Die Initiativgruppe überzeugte Rathaus und Stadtvertreter, überzeugte die Bundesvermögensverwaltung. Schon im Mai des Folgejahres, genau 50 Jahre nach Kriegsende, wird das Museum als Dauereinrichtung eröffnet. Und wieder kommen die Menschen mit ihren Erinnerungen und Erinnerungsstücken, haben in Kellern und Dachböden gekramt, bringen rußverkrustetes Porzellan und Hitlers Buch „Mein Kampf" mit verkohltem Rücken, aber auch Stücke aus der Not der ersten Nachkriegsjahre: Küchensiebe aus Stahlhelmen, Wärmflaschen aus Granathülsen, Brautkleider aus Fallschirmseide. So kommen bis heute mehrere Tausend Ausstellungsstücke zusammen, gesammelt von Emdern für Emder, eine gemeinsame Kultstätte für Frieden und gegen Zerstörung.
Hummerich: „Sie werden von einem Emder nie etwas Negatives über die Bunker in unserem Stadtbild hören." Aber es gibt Ausnahmen. Vereinzelt wurde kritisiert, dass die Emder damals nur das eigene Leid beklagten, ihr Überleben feierten, aber die Verbrechen ausblendeten, die in ihrem Namen verübt worden waren. Sie hätten wohl vergessen, dass die Zerbombung von Emden, Dresden und Hamburg nur das Echo war für die vorherige Zerstörung von Warschau, Rotterdam und dem englischen Coventry.
Daran mag etwas sein, aber entscheidend ist, was sich daraus entwickelt hat. Im Rückblick sieht es so aus, als ob die Emder durch ihre Erinnerungsausstellungen ihre Herzen weiter öffneten, als ob sie fähiger wurden, das Leid anderer nachzufühlen

und geschehenes Unrecht zu erkennen. Unrecht an denen, die der NS-Staat von der Gemeinschaft der „Volksgenossen" ausschloss, an den Emder Juden und anderen Minderheiten, den Fremdarbeitern und auch den Opfern der deutschen Überfälle auf fast ganz Europa. Heute jedenfalls ist das Schicksal aller Kriegs- und NS-Opfer Teil der Ausstellung im Bunker. Er ist zu einem Mahnmal gegen Krieg, Hass und Gewalt geworden. Ein Mahnmal, das auch junge Leute sehr berühren kann. Zumal in einer Zeit, in der uns Kriege wieder gegenwärtig sind.

Der Treppenhausschacht des Bunkers

Auf diese Weise ist das Bunkermuseum in Emden zu einem Mehr-Generationen-Projekt geworden, das europaweit kaum seinesgleichen finden dürfte. Kriegskinder wie Janßen und Hummerich haben es begonnen und damit ihre Elterngeneration zum Erzählen gebracht. Und die nächste Generation kam zum Mitarbeiten. Ein damals 12-jähriger Marten Klose tauchte kurz nach Eröffnung im Museum auf und fragte Dietrich Janßen, ob er helfen dürfte. Heute ist der Mann Pressesprecher des Trägervereins und führt Besuchergruppen und Schulklassen durchs Gebäude. Gleichzeitig zählen aktuell zu den Vereinsaktiven auch ein 14-Jähriger und mehrere junge Leute Anfang 20. Und Gunter Hummerichs Tochter hat als Examensarbeit in Medienwissenschaften einen Film gedreht. Worüber wohl? Natürlich über das Bunkermuseum in der Holzsägerstraße in Emden.
Nachtrag: Nur einmal noch stand das Schicksal des Museums auf der Kippe. Nach der Entwidmung als Bunker und der Übergabe vom Bund an die Stadt galten plötzlich die Bestimmungen des Brandschutzes. Wo waren die Fluchtwege? Das Durchbrechen der meterdicken Wände und eine stählerne Feuertreppe schienen unbezahlbar. Aber die Schließung im November 2020 war nicht das Aus. Nach einem tiefen Griff in leere Stadtkassen und einem erfolgreichen Umbau ging es 2023 weiter. Die Emder lieben nun mal ihre Bunker.
Übrigens, für Auswärtige: Die Bewohner der Stadt nennen sich wirklich Emder und nicht Emdener.

Nachts im Wald

Im Märchen sind die Rollen klar verteilt: Der Wolf ist der Böse und der Jäger der Gute. Manche Zeitgenossen sehen das heute umgekehrt: Mit dem Wolf kehrt ein Stück heile Natur zurück, aber der Jäger ist ein böser, ein schießwütiger Geselle. Der schleicht nachts durch den Wald und ballert auf alles, was sich bewegt.

Reden wir diesmal nicht über den Wolf, reden wir über den Jäger. Noch besser, nicht über ihn, sondern mit ihm. Schnell wird deutlich, dass das Denken in Schwarz-Weiß nur fürs Schreiben von Märchen taugt. Andererseits kommen auch ein paar dunkle Seiten des modernen Lebens zur Sprache. Manchmal muss der Jäger ausbaden, was wir alle zusammen verursachen. Ein offener Gesprächspartner ist Gernold Lengert, Vorsitzender der Jägerschaft Aurich: „Wenn sich jemand kritisch über uns Jäger äußert, sage ich oft: ‚Ich will Sie jetzt gar nicht überzeugen. Aber ich lade Sie ein. Wir treffen uns Sonntagmorgen um acht Uhr vor Ort. Ich zeige Ihnen, was wir in Eigenleistung für die Natur tun. Und dann können Sie ja ihre Argumente vorbringen.'"

Hm ... Steht in der Jägerschaft wirklich das Hegen und Pflegen über dem Schießen? Wir nehmen Gernold Lengerts Angebot zum Nachfragen gerne an. Erste Frage: Wie viele Stunden seiner Jägerzeit verbringt er auf dem Hochsitz und mit Treibjagden? Die Antwort überrascht, es sind lediglich fünf Prozent. Dazu kommt für einen normalen Revierpächter etwa doppelt so viel Büroarbeit, für einen Vorständler wie Lengert deutlich mehr. Der Rest ist wirklich Revierarbeit, also Hegen und Pflegen, versichert der Jägerschaftsvorsitzende. Zu den Aufgaben gehören unter anderem die winterliche Wildfütterung und die Neuanlage von Teichen und Streuobstwiesen. Vielfach werden die Jäger ins

Boot geholt, wenn es um Ausgleichsmaßnahmen für Eingriffe in die Natur geht. So konnten die Auricher Jäger in zwei Jahrzehnten auf rund einhundert Hektar 12 000 Obstbäume anpflanzen. Die Vielseitigkeit der Arbeit wird deutlich, wenn man sich die Liste der Obleute ansieht. Bei den Aurichern gibt es neben dem

Der Schein trügt: Hegen steht vor Jagen.

Obmann fürs Schießtraining auch Obleute für Jagdhundearbeit, für Naturschutz, fürs Jagdhornblasen sowie für Drohnen. Der Drohnenobmann unterstützt ein rundes Dutzend von Drohnen-Vereinen, die während der Feldernte die Sichtung und Rettung von Wildtieren organisieren. Er steht ihnen bei Beratung, Finanzierungsbeschaffung und Schulung zur Seite.
Wenn Lengert und seine Kollegen in der Dämmerung und nachts unterwegs sind, dann oft nicht zum Schießen. Ihre traurige Mission ist das Einsammeln von Fallwild, meist Opfer von Verkehrsunfällen. Der sonst so lebendig wirkende Gesprächspartner klingt bitter, wenn er darauf zu sprechen kommt: „In einigen Revieren ist das schlimm. Die Ursachen sind unterschiedlich, aber neue Baugebiete und Solarparks schaffen Zwangswechsel. Das Wild muss seine Wandergewohnheiten ändern. Dann entstehen so Hotspots, wo Sie eigentlich als Revierinhaber eine Kadaver-Tonne hinstellen könnten. Es gibt einige Reviere, die erfüllen ihren jährlichen Abschussplan ausschließlich auf der Straße."
Die Verantwortung für die Natur und für die Folgen unseres Verhaltens trägt jeder von uns. Die Warnschilder mit dem Hinweis auf Wildwechsel sind rund um Aurich nicht zu übersehen.
Jäger sehen sich als Naturfreunde und Naturschützer. Die Menschen der Region sind mehrheitlich der gleichen Meinung. Hier ist die Jagd ein Teil des Kulturerbes, die Mitbürger schätzen die Rolle der Waidmänner und den Wert ihrer Feste und Veranstaltungen fürs Gemeinschaftsleben. Ablehnung kommt eher von Teilen der Urlaubsgäste.
Aber wie ist das Verhältnis zu den Naturschutzverbänden? Wie überall bleiben Differenzen nicht aus. Es scheint aber deutlich harmonischer zu sein als in anderen Regionen. Auch dabei bewährt sich Lengerts Grundrezept: Redet miteinander! Er erzählt

von einem Auricher Arbeitskreis, bei dem er vor Jahren den damaligen Vorsitzenden eines Naturschutzverbandes direkt angesprochen hat: „Warum bist du eigentlich gegen Jäger? Wenn wir zusammen ein Ziel verfolgen, sind wir unschlagbar." Aus den offenen Worten zur rechten Zeit erwuchsen eine dauerhafte Zusammenarbeit und eine persönliche Freundschaft.
Aber ja, geschossen wird auch. Die Freude an dem traditionsreichen Handwerk der Jagd auf Hasen oder Wildschweine ist in der Auricher Jägerschaft ungebrochen. Aber nur, wenn sie „waidgerecht" ausgeführt wird, mit klaren Regeln und Respekt vor dem Wild. Auf die hartnäckige Kritik an bestimmten Auswüchsen hat man reagiert. Die Nachbarn vor Ort schauen hin. Gernold Lengert findet das hilfreich.
„Der Revierverantwortliche kommt meistens aus dem Dorf. Das ist gut so. Dann können ihm die Anwohner direkt die Pistole auf die Brust setzen und sagen: Das und das hat uns nicht gefallen. Dann weiß er Bescheid. Danach steht man wieder auf dem nächsten Dorffest bei einem Bier zusammen, weil die Sache aus der Welt ist."
Da haben wir ihn wieder, diesen von Lengert mehrfach beschriebenen Weg. Offen sein, sich direkt in die Augen schauen und miteinander reden. Klingt doch ansteckend, oder?
PS: Offene Fragen zur Rückkehr des Wolfes? Dafür sei neben den positiven Veröffentlichungen der Naturschutzverbände die kritische Auricher Erklärung von 2023 empfohlen.

Das Ende der Dunkelheit

Das Pubquiz ging ins Finale, die Spannung stieg auf dem Höhepunkt. „Ostfriesland spezial“ war jedes Mal der Hit, die Kneipe entsprechend gesteckt voll. Drei Teams lagen nach der letzten Runde gleichauf. Eine Schätzfrage musste die Entscheidung bringen. Welcher Tisch würde die Freigutscheine fürs Grünkohl-Buffet gewinnen?
Moderatorin Emma holte tief Luft und legte los: „Achtung, Leute, jetzt kommt es wirklich darauf an. Hier meine Schätzfrage: Wann wurde die Stadt Norden ans ostfriesische Elektrizitätsnetz angeschlossen? Fünf Minuten Zeit für die Antwort. Gewinner werden die, die am dichtesten dran liegen. Ab jetzt!“
Mit der Aussicht auf ein gepflegtes Feierabendbier beobachtete sie zufrieden das gewohnte Bild, das eifrige Tuscheln, das wellenförmige An- und Abschwellen des Gestikulierens. Dann griff sie schwungvoll zum schnurlosen Mikro: „Noch zwanzig Sekun-

Als die Straßenlaternen elektrisch wurden

den, noch zehn, neun, acht, sieben, sechs, fünf uund ... Stopp! Nicht mehr schreiben. Ich sammele die Zettel ein."

Bei der Durchsicht, zusammen mit Wirt Elger als Zeugen, schmunzelte sie sehr: Die Antworten boten alles zwischen 1850 und 1950. Sie schnappte sich erneut das Mikro und stellte sich mitten auf die kleine Tanzfläche. „Und nun, Leute, das mit Spannung erwartete Ergebnis. Die richtige Antwort lautete: 1914. Und mit 1910 liegt am dichtesten dran und gewinnt deeer Tiiiisch … zweiiii!" Die Sieger jubelten und warfen die Arme hoch, während die Verlierer verhalten klatschten.

Emma seufzte entspannt. Darauf gleich ein „Friesisch Herb" vom Fass. Aber erst noch die offizielle Gutscheinübergabe. „Darf ich jetzt die Sieger nach vorne bitten?" Die Clique von Tisch zwei erhob sich strahlend. Zum dritten Mal hatten sie mit ihrem Ostfriesland-Wissen glänzen können.

Gerade hatten Elger und Emma die ersten beiden Urkunden überreicht und die ersten beiden Hände geschüttelt, da schrie einer: „Stopp!" Es war dieser schlaksige Jüngling von Tisch fünf, der ihr schon beim letzten Mal ungut aufgefallen war. Während das Quiz lief, hielt er sich vermutlich ans Smartphone-Verbot, aber jetzt surfte er verbissen nach Fehlern. Gewichtig kam er nach vorne und hielt Emma sein Tablet genau vor die Nase.

„Hier steht es: Die Elektrizität kam in die Stadt Norden, Deutschland, im Jahr 1898."

Emma verschaffte sich eine Armlänge Abstand. „Wo soll das stehen?"

Der Knabe warf sich in die schmale Brust. „Auf ChatTBC!"

Der Saal johlte. Teils wegen der Verballhornung des Namens GPT, teils weil der Mensch recht zu haben schien. Bevor Emma reagieren konnte, hatte der Wirt sich das Mikrofon geangelt: „Ich vertraue auf Emmas Recherche, aber lasst uns den Abend nicht mit Missklang beenden. Ausnahmeweise wird es zwei Siegertische geben!“ Die Moderatorin zuckte die Achseln. Fakt war, Norden wurde 1914 an die Elektrizitätsversorgung angeschlossen. Das wusste sie, sie hatte es aus Wikipedia, Punkt! ChatGPT? Ha! Dieser Fakten-Mülleimer!

Am folgenden Abend war sie immer noch gereizt und wollte es wissen. 1914? 1898? Sie rief bei ihrer Tante Franka an. Die Elektromeisterin war bei VW in Emden im Team, das die Bänder am Laufen hielt, und galt als absolutes Ass in Technikgeschichte. Einen Nachmittag später meldete Franka sich zurück: „Hallo, min Deern, wie lautete die Quizfrage?“ Emma sagte es, und Franka lachte: „Dann komm mal vorbei. Ich hab was für dich.“

Die Tante wohnte nur ein paar Straßen weiter. In der Küche wartete der Tee auf den Gast. Nach dem ersten Schluck setzte Franka die Tasse ab. „Die Frage war also: Wann war der Anschluss ans Elektrizitätsnetz? Und nur wegen der genauen Formulierung hast du recht und dein Pickelheini hat unrecht.“

Emma schnaubte triumphierend, aber die Tante hob warnend die Hand: „Vorsicht, es kommt wirklich nur auf die Frage an. Du hast nach dem Überlandnetz gefragt. Das kam tatsächlich erst 1914 nach Norden. Doch das erste kleine E-Werk, das ging bei uns vielleicht schon vorher in Betrieb. Bisschen Haarspalterei, oder?“

Hauptsache recht, freute sich Emma, trank ihren Tee und lauschte zufrieden den Erzählungen ihrer Tante. Die redete sich mehr und mehr in Schwung: „Wie der Strom nach Ostfriesland kam, das ist eine ziemlich merkwürdige Geschichte. Laut diesem unzuverlässigen PTB entstanden die ersten kleineren E-Werke zwischen 1891 und 1898, und zwar nacheinander in Aurich, Leer, Emden und bei uns in Norden.“

Franka hatte noch eine kleine Überraschung im Ärmel. „Die Vorreiterin war aber, man höre und staune, die Insel Norderney.

Laut Inselchronik wurden dort bereits 1888 die Generatoren angeworfen. Drei Hotels und das Strandrestaurant Giftbude installieren eigene kleine Kraftwerke. Na ja, die reiche Berliner Gästeschar erwartete eben gewisse Standards. Die große Masse Ostfrieslands musste sich aber mit Gasleuchten und Petroleumfunzeln begnügen, teils bis weit ins 20. Jahrhundert hinein."
Franka unterbrach sich: „Warte, ich hole dir etwas." Sie verschwand und kam mit einem schmalen Büchlein zurück. Stöhnend platzierte sie ihre Leibesfülle wieder auf dem Küchenstuhl und nahm den Erzählfaden neu auf.
„Das Ende der Dunkelheit kam ausgerechnet aus einer Gegend, in der es nachts bis dahin dunkler war als im Mors der Kuh. Ich rede vom Zentralmoor zwischen Großefehn und Friedeburg. Dort entstand nach 1900 gerade Wiesmoor. Bis auf ein paar Dörfer und Kolonistensiedlungen war alles wüst und leer. Trotzdem ging die Sache von hier aus los, die systematische Elektrifizierung von Gesamt-Ostfriesland. Weil sie nämlich 1909 oder 1910 ein riesiges Kraftwerk in Betrieb nahmen, mit Torf als Brennstoff. Das war von Anfang an geplant als Überlandzentrale für das Leitungsnetz. Genau so ging es los. Schrittweise wurde alles zwischen Emden, Wilhelmshaven und Oldenburg angeschlossen. Und 1914 war auch Norden dran."
Franka lehnte sich zurück und drückte ihrer Nichte das Büchlein in die Hand. „Hier: Hans-Jürgen Sträter, Das Torfkraftwerk von Siemens. Falls du es genau wissen willst."
Abends im Bett schmökerte Emma darin und musste lachen. Laut Sträters augenzwinkernder Behauptung waren ausgerechnet die Lokomobilen schuld daran, dass der Strom nach Ostfriesland kam. Lokomobilen waren bewegliche Dampfmaschinen. Sie sollten bei der Moorkultivierung und Torfgewinnung die neuen, riesenhaften Torfbagger antreiben. Aber die Lokomobilen

waren schlicht zu schwer, sanken immer wieder in den Moorboden ein und beschädigten die Böschungen der ausgehobenen Entwässerungskanäle. Also weg damit, her mit der Konkurrenz, nämlich den leichteren elektrischen Antrieben! Das erste kleine Dampfturbinen-Torfkraftwerk sollte nur die Kanalbagger versorgen. Doch schon um den Jahreswechsel 1909/1910 arbeiteten Dampfturbinen in einem sehr viel größeren Torfkraftwerk. Und eben auch fürs Überlandnetz.
Dennoch mussten sich die Ostfriesen gedulden, bis das Leitungsnetz wirklich die Fläche abdeckte. Die Menschen in Norden war mit dem Anschlussdatum 1914 ziemlich vorn. Ausgerechnet Wiesmoors Nachbarn in Westgroßefehn warteten noch 1923 auf ihren Anschluss, gerade mal fünf Kilometer Luftlinie von der Überlandzentrale entfernt. Ein zorniges Telegramm an den Betreiber Siemens wurde nur mit einem geheimnisvollen Hinweis beantwortet: „Evangel. Gesangbuch Nr. 25 Vers 6." Eine Frechheit? Nein, es war ein Versprechen, weil im Evangelischen Gesangbuch bei Nr. 25, Vers 6 Folgendes stand: „Er wird nun bald erscheinen in seiner Herrlichkeit (…) halt eure Lampen fertig und seid stets sein gewärtig, er ist schon auf der Bahn."
Emma gähnte und legte das Buch zur Seite. Beim Licht-Ausschalten hielt sie einen Moment inne. Schon eine tolle Sache, das mit dem elektrischen Strom!

„Er wird nun bald erscheinen
in seiner Herrlichkeit
und euer Klag und Weinen
verwandeln ganz in Freud.
Er ist's, der helfen kann;
halt eure Lampen fertig
und seid stets sein gewärtig,
er ist schon auf der Bahn."

Die Rückkehr des Totenvogels

In dieser Geschichte geht es um den Steinkauz. Der Steinkauz ist klein, etwa so groß wie eine Amsel und nur halb so groß wie sein Vetter, der Waldkauz. Wegen seiner Zwergengröße wird er vielerorts auch Käuzchen genannt. Er jagt gewöhnlich ein bis zwei Stunden nach Sonnenuntergang und vor Sonnenaufgang, nur während der Fütterung der Brut tagsüber. In Ostfriesland starb diese Eulenart aus – im grausamen Schneewinter 1978/79. Jetzt soll sie wieder heimisch werden. Die Vorfahren der heutigen Ostfriesen wären darüber entsetzt gewesen! Warum hassten sie diesen nächtlichen Jäger und fürchteten ihn als Totenvogel?

Dazu unternehmen wir eine Fantasiereise, die uns rund vierhundert Jahre zurückführt. Wir landen auf dem Hof von wohlhabenden ostfriesischen Marschbauern. Es ist finstere Nacht, aber hinter einem der Fenster brennt ein schwaches Licht. Bäuerin Enna wacht über den Schlaf ihres Jüngsten. Ein Fieber lässt den Kleinen von Tag zu Tag schwächer werden. Draußen huscht ein Schatten am Fenster vorbei, dann hören wir eine Folge schriller Schreie. Die Mutter der Bäuerin regt sich. „Hast du den Totenvogel gehört?"

„Versündige dich nicht Mutter, berufe es nicht."

„Du hast ihn selber gehört. Du weißt, was er schreit: Komm mit, komm mit!"

Angst greift an Ennas Herz. Wider Willen weiß sie, dass ihre Mutter recht hat. Wenn der Totenvogel ruft, muss eine Seele aus dem Haus ihm folgen. Das lehrt vielfache Erfahrung.

Was den Steinkauz als Totenvogel in Verruf brachte, ist seine erstaunlich laute Stimme. Oft ließ sich der Nachtjäger mit seinen durchdringenden Schreien in der Nähe von Häusern hören. In alten Zeiten war man sicher, dass im Haus bald jemand sterben würde. Kaum zu glauben, in vielen, in sehr vielen Fällen traf die Vorhersage zu! Aber woher konnte dieses unheimliche Tier von der Todesgefahr wissen? Mit welchen finsteren Mächten war es im Bunde?

Wenige Meilen vom Bauernhof entfernt kampiert eine Rotte Landsknechte. Sie haben über ihrem Lagerfeuer ein geraubtes Schwein gebraten. Jetzt liegen sie satt und faul ums Feuer und prahlen mit angeblichen Heldentaten. Völlig lautlos und wie aus dem Nichts kommt ein dunkler Schatten herangeflogen, schnell und geräuschlos verschwindet er wieder. Nur sein schriller Schrei klingt durch die Nacht. Was war das? Ein Dämon? „Hört ihr, der Totenvogel ruft nach Seelen“, brummelt der Sergeant, „unsereins wird selten alt.“ Den Trommlerjungen schaudert es, während seine hartgesottenen Kameraden darüber diskutieren, wie man sich gegen das böse Vorzeichen schützen kann.

Heute haben wir eine bessere Erklärung für Käuzchens Interesse an Häusern mit Kranken und für seine Kurzbesuche an Lagerfeuern. Meistens gingen die Menschen mit Einbruch der Nacht schlafen, allein schon, weil sie sich künstliches Licht kaum leisten konnten. Anders lagen die Dinge, wenn man zum Beispiel am Bett eines Kranken wachte. Es brannte ein kleines Licht und wo Licht aus dem Fenster schien, da schwirrten Insekten hin. Steinkäuze lernten das schnell, denn Insekten sind neben Mäusen die Hauptbeute der flinken Jäger. Es war also genau umgekehrt. Nicht das Käuzchen war es, das den Tod heran rief. Nein, die Krankenwache wurde vom Lämpchen oder Kerzen begleitet, das Licht zog Insekten an und die Insekten lockten den kleinen Schreihals mit der unheimlichen Stimme ans Fenster. An die Verdächtigung als „Leichenhuhn“ hängten sich bald weitere Vorurteile. Unglück würde das Käuzchen pro-

Ein junger Steinkauz wird beringt.

phezeien, Hagel und Gewitter herbeirufen. Als Gegenzauber wurden Käuzchen und andere Eulen lebend ans Scheunentor genagelt oder unter der Türschwelle vergraben.
Heute sind wir aufgeklärter und halten es eher mit den alten Griechen. Bei denen war der Steinkauz hochverehrt, nämlich als Begleiter Athenes, der Göttin der Weisheit und Schutzherrin der Stadt Athen. Käuzchens Porträt prangte auf den Athener Münzen, die deshalb „Eulen" genannt wurden. Noch heute finden wir das Abbild des Steinkauzes auf den griechischen Euro-Münzen.
Besonders engagierte Freunde findet der Vogel bei der Jägerschaft Aurich. Seit einigen Jahren versuchen Auricher Jäger, unterstützt von vielen Naturfreunden, ihren nächtlichen „Jagdgenossen" wieder heimisch zu machen. Das tun sie aus guten

Gründen und keineswegs nur, weil der Steinkauz mit seinem menschlich wirkenden Gesicht so niedlich aussieht. Dahinter steckt eine bemerkenswerte Geschichte, und die kann uns Gernold Lengert erzählen, der Vorsitzende der örtlichen Jägerschaft.

Seit 2022 läuft ein Projekt zur Wiederansiedlung, in das Jäger und andere Naturfreunde viel Zeit und Liebe hineingesteckt haben. Zunächst wurden acht große Volieren gebaut und mit Paaren besetzt, die von Züchtern aus anderen Bundesländern stammen. Drei mobile Volieren kamen dazu. Der Bruterfolg war mehr als ermutigend. Im Spätsommer 2023 wurden die ersten Eltern und ihr Nachwuchs schrittweise ausgewildert. Natürlich hoffen die Jäger und ihre Helfer, dass die Vermehrung in freier Wildbahn genauso gut klappt.

Doch vor dem Hoffen steht das Handeln. Was ist damit gemeint? Aurichs Jägerschaftsvorsitzender Gernold Lengert erinnert daran, dass es Gründe hatte, warum die letzten Steinkäuze den Schneewinter 78/79 nicht überstanden. Die Landschaft hatte sich in den Jahrzehnten davor drastisch verändert, unter anderem durch das Höfesterben in der Landwirtschaft.

Es ist also nötig, die Zeit ein Stück zurückzudrehen, damit sich die Tiere wieder heimisch fühlen. Viel Hilfe kommt von Nichtjägern, lobt Lengert. Zu ihnen gehören Besitzer alter Resthöfe. Wenn die Menschen die Gebäude auf Schick bringen, legen sie oft mit dem gleichen Schwung klassische Bauerngärten und hausnahe Streuobstwiesen an. Der Steinkauz liebt solche Streuobstwiesen. Er braucht zum Jagen halbwegs offene Landschaften mit Bäumen oder Hecken, auf denen er auf Beute lauern kann. Unter den Obstbäumen halten Schafe den Rasen kurz, hinterlassen Kot. Das zieht Insekten an und beschert dem Kauz einen gut gedeckten Tisch. Schon vor dem Start des

Steinkauz-Projektes hatten Aurichs Jäger in zwei Jahrzehnten rund 12 000 Obstbäume gepflanzt, im Projektverlauf kommen jährlich ein paar Hundert dazu.

Ein weiteres Landschaftselement, das nicht nur der Steinkauz liebt, sind Ostfrieslands schmucke, baumbestandene Wallhecken. Lengert: „Auf den Wallhecken stehen alle 15 Meter alte Eichen und andere große Bäume. Die Eichen bieten natürlich entstehende Bruthöhlen. Darin kann sich der Steinkauz über Tag zurückziehen. Der Unterwuchs zwischen den Bäumen bietet idealen Lebensraum für Kleintiere und Insekten.“

Fünf Jahre dauert das Steinkauz-Projekt und verbraucht eine ganze Menge Zeit und Geld. Rund 550 000 Euro geben die niedersächsische Bingo-Umweltstiftung, der Landkreis Aurich, das niedersächsische Ministerium für Ernährung, Landwirtschaft und Verbraucherschutz, die Landesjägerschaft und viele weitere Förderer. Dazu kommen freiwillige Arbeitsstunden der örtlichen Jägerschaft im Wert von 250.000 Euro. So viel Geld für ein paar gefiederte Schreier? Macht das Sinn? Gerold Lengert ist nicht böse über die provozierende Frage. Er betont, dass die Jäger mit dem Projekt ein übergreifendes Ziel verfolgen: „Uns geht es immer darum, dass die Zahnräder der Natur wieder besser ineinandergreifen. Zum Beispiel gehört zum Projekt die Bestandsbegrenzung vom Mardern und anderen Prädatoren (Fressfeinden). Das nutzt auch allen Bodenbrütern, wie dem Kiebitz.“

Auf die Art wird die Wiederansiedlung einer einzigen Vogelart zum Hebel, der der gesamten ostfriesischen Landschaft mehr Vielfalt und Artenreichtum verschafft. Zum Nutzen der Natur, zur Freude der Menschen. Das sollte es allemal wert sein.

Warum diesmal ausgerechnet der Steinkauz in den Mittelpunkt gerückt wurde? Vielleicht auch, weil er ein Sympathieträger ist. Er wirkt auf uns Menschen einfach hübsch. Das hat mit seinen

Eigenschaften als Nachtjäger zu tun. Steinkauzfedern sind ganz weich, um den geräuschlosen Flug zu ermöglichen. Außerdem dient der plustrige Federkranz ums Gesicht herum dazu, leiseste Geräusche an die scharfen Ohren weiterzuleiten. Der Kranz lässt wiederum den Kopf im Verhältnis zum Körper ungewöhnlich kräftig wirken. Das empfinden wir als niedlich. Die dunklen, ruhig blickenden Augen des Vogels sind nach vorne gerichtet, auf mögliche Beute. Sie sind so groß, um noch die allerletzte Spur Restlicht einzufangen, und scheinen den Betrachter direkt anzusehen.

Alles zusammen, also Augen, Federkranz und der gekrümmte Mausjäger-Schnabel, schenkt dem Steinkauz-Gesicht etwas Menschenähnliches, das unsere Herzen berührt. Schön, dass wir uns vor dem nächtlichen Jäger nicht mehr gruseln müssen!

PS: Kleiner Tipp für Urlaubsgäste. Wenn ostfriesische Partygänger von Nachteulen reden, geht es weder um das Käuzchen noch um seine größeren Verwandten. Gemeint sind die Nachtbusse, die die Feiernden sicher nach Hause bringen – eine vorbildliche Einrichtung.

Steht eine Laterne

In Deutschlands dunkelsten Zeiten hat ein Lied über eine Laterne Millionen Menschen Trost und Hoffnung gegeben. Was das Lied und seine Sängerin mit Langeoog verbindet, das soll die folgende Geschichte in Erinnerung rufen. So fing alles an:

Getrieben von der Sehnsucht nach Bühne und Scheinwerferlicht ließ Liese-Lotte Wilken, geborene Bunnenberg, Mann und Kinder hinter sich. Als Sängerin Lale Andersen eroberte sie erst Jahre später das Publikum. Währendessen war ihr Leben zu einer Abfolge von Fluchten geworden: vor allzu zudringlichen Herren, vor der Einvernahme durch die NS-Propaganda, vor dem Hass des Propagandaministers Josef Goebbels. Jetzt, im Februar 1945, war es wieder so weit. Hunger, Bombennächte und die drohende Einberufung ihres Jüngsten zu Hitlers Volkssturm vertrieben Lale Andersen aus dem zerstörten Berlin. Ihr zufälliges Ziel war Langeoog. Unverhofft wurde diese stille Nordseeinsel zu einem festen Pol in einem unsteten Künstlerleben – nie hätte es die damals abgekämpfte, abgehetzte und halb verhungerte Frau ahnen können.

Als Lale Andersen zusammen mit Sohn Michael zum ersten Mal die Insel betrat, hatte sie außer zwei Koffern mit Bekleidung, den Schulbüchern ihres Sohnes und den Briefen ihrer großen, unerreichbaren Liebe nur ihre Noten dabei. Darunter die Klavierauszüge zu dem Lied, das sie zum Weltstar gemacht hatte: Lili Marleen.

Der Karriere-Durchbruch war völlig überraschend gekommen. Im Jahr 1939 hatte Lale Andresen als unbedeutende Sängerin eine unbedeutende Platte aufgenommen: Das Lied eines jungen Frontsoldaten, der sich nach der Heimat und seiner Liebsten sehnt. Die Platte floppte. Der Krieg begann. Deutsche Armeen besetzten halb Europa. Der Soldatensender Belgrad ging auf Sendung. Mangels besserer Schallplatten schickte er geschenkte B-Ware in den Äther. Und siehe da, der Ladenhüter traf jetzt einen Nerv. Er sprach allen aus der Seele, den Soldaten wie den Daheimgebliebenen. Allabendlich zum Belgrader Sendeschluss verkündete Lale Andersens raue Stimme die Geschichte vom Wiedersehen in der Heimat. „Bei der Laterne wollen wir steh'n, wie einst, Lili Marleen". Für die Dauer des Liedes schwiegen an Nordafrikas Wüstenfront sogar die Waffen. Über die Schützengräben hinweg lauschten Deutsche wie Briten der sehnsuchtsvollen Frauenstimme aus den Radiolautsprechern der Wehrmacht.

Das Lied wurde der erste Millionenverkauf in der deutschen Schallplattengeschichte und ging in zahllosen Cover-Versionen um die Welt. Aus der Sicht der Nationalsozialisten war das Ganze allerdings fatal, denn durch den Text schimmerten Friedensträume, kaum verhüllt durch den Marschrhythmus der Melodie. Goebbels meinte sogar, einen pazifistischen Leichengeruch zu wittern. Außerdem hielt die Sängerin an der „rasseschänderischen" Liebe zu einem Schweizer Juden fest und ließ sich nur widerwillig für Nazi-Zwecke einspannen. Als sie vor einem Propagandabesuch im Warschauer Ghetto kniff, war das Maß voll. Strengstes Auftrittsverbot, Suizidversuch. Vor der KZ-Einweisung schützte die „Volksverräterin" eine BBC-Falschmeldung von ihrer Verhaftung. Bloß keine Unruhe um Lili Marleen! Später wurde das Auftrittsverbot leicht gelockert, allerdings mit der Auflage, niemals das berühmte Lied zu singen. Das durften nur noch andere.

Nach Jahren voller Furcht und Entbehrung wurde Langeoog zum Rettungsfloß. Der umtriebige Tourneebegleiter und Freund Nicki Rummert besorgte Unterkunft und Verpflegung. Noch herrschten

Krieg und Nationalsozialismus, auch auf Langeoog, das bis zum bitteren Ende den Beinamen „Führerinsel“ trug. Täglich überquerten alliierte Bomber die Insel auf dem Weg in die deutschen Zentren. Aber die Flakstellungen, von russischen Gefangenen in unmenschlicher Schinderei gebaut, verzichteten auf Sperrfeuer. Ein weiser Kommandant befand regelmäßig, dass die feindlichen Flieger zu hoch flögen. So ließen die Bomber Langeoog links liegen und die kanadischen Besatzungstruppen fanden eine weitgehend verschonte Insel vor. Und eine wertvolle Kriegsbeute: die Frau, die sie unter dem Namen Lili Marleen kannten.

Für Lale Andersen folgten umjubelte Konzerte vor den Siegertruppen und eine bittere Enttäuschung: Die Liebe zwischen ihr und dem Schweizer Musiker Max Liebermann überstand die jahrelange Trennung nicht. Eine ehemalige Wehrmachtsbaracke wurde bald mit Klinkern umbaut und zum Kern ihres Inseldomizils Sonnenhof. Die Haushälterin Lara Bonhorst betrieb das Haus in Abwesenheit der Künstlerin als Ferienpension. Viel später wurde aus dem Anwesen ein Café mit Erinnerungsstücken, und heute kann man den Sonnenhof für schlappe 350 bis 550 Euro pro Nacht als Ferienhaus mieten.

Lale Andersen blieb ihr Leben lang der Bühne treu. Sie tourte im In- und Ausland. Mit ihrer dunklen, herben Stimme und dem unverwechselbaren Timbre interpretierte sie Chansons und Brecht/Weil-Stücke, aber vor allem Shantys, Schlager und Volkslieder von Seefahrt und Meer. Das Lied von der Marleen musste immer im Gepäck sein, vor allem beim legendären Konzert in Düsseldorf vor 16 000 Afrika-Veteranen. Die Männer aus den ehemals verfeindeten Heeren jubelten gemeinsam, während sie sich verstohlen die Tränen aus den Augenwinkeln wischten.

Langeoog und die gebürtige Bremerhavenerin Lale Andersen waren füreinander wie geschaffen. „Lale war die Nordsee persönlich", wird viele Jahre später die Sängerin Stefanie Golisch sagen, die auf der Insel regelmäßig Lale-Abende gibt. Die Nordsee persönlich? Haargenau das Gleiche würden Lan-

Bronzedenkmal auf Langeland.

geoog-Freunde auch über ihre Sehnsuchtsinsel sagen. Offensichtlich kam da zusammen, was zusammengehörte.
Für Langeoog war Lale Andersen der perfekte Werbeträger, das Eiland mutierte sozusagen von der Führerinsel zum Lale-Land. Umgekehrt passte die neue Heimat ideal zum Image der Sängerin mit ihren Liedern von Seefahrt und Meer. Ikonische Fotos und Plattencover zeigen Lale am Strand laufend, Lale im Dünensand liegend, Lale übers Meer in die Ferne blickend. Und ganz ehrlich, hatten Sängerin und Insel nicht manches gemeinsam? Das leicht Raue und Herbe, das Natürliche und Ungekünstelte? Wenn die Sängerin durch den Ort ging, war sie ansprechbar, so wird berichtet, und immer bereit für ein Foto oder einen kleinen Schwatz mit Fremden und Freunden.
Als sie mit 67 Jahren an einem hartnäckigen Krebsleiden starb, trauerte die ganze Insel um sie. Ihre Asche kehrte auf dem Fährschiff „Lili Marleen“ nach Langeoog zurück, dem Schiff, das sie vier Monate zuvor nicht ohne Mühe getauft hatte. Auch ihre romanhafte Lebensbeichte hatte sie fertigstellen können. Der Tod erwischte sie auf der Lesereise, auf dem Weg zu ihrem Publikum. Begraben ist sie auf dem Dünenfriedhof.
Seit 2005 erinnert eine Bronzestatue der Goldschmiedin Eva Recker an die prominenteste Zugezogene der Insel. Da steht sie nun zwischen Goldschmiede und Insel-Apotheke, an eine Laterne gelehnt, leger gekleidet, ein Bein lässig angezogen, die Arme locker verschränkt, den Kopf nachdenklich zur Seite gelegt, den Mund zu einem verhaltenen Lächeln geöffnet.
Bei schlechtem Wetter wird das beliebte Langeooger Dünensingen unter das Vordach der Apotheke verlegt, dann hat die Insel-Ikone die Musiker im Rücken und das Publikum vor Augen. So wie sie es im Leben kannte und liebte. Und im Liederheft zum Dünensingen ist das Lied der Lili Marleen nach wie vor dabei.

Zusammenhalt in finsteren Jahren

Ostfriesen halten zusammen, in guten wie in schlechten Zeiten. Besonders unter Verwandten. Daran können weder Zeit noch Entfernung etwas ändern. In US-Staaten wie Iowa pflegen die Nachkommen der Auswanderer des 19. Jahrhunderts bis heute die Bindungen zur alten Heimat. Diese Bindungen haben sogar die Zerreißproben dunkelster Kriegszeiten überstanden. Von der Liebe der US-amerikanischen Friesen zur alten Heimat erzählt die traurig-schöne Geschichte der Reepsholter Glockenspende. Während des Ersten Weltkriegs, zum Jahresbeginn 1917, wurde in Deutschland rund die Hälfte aller Kirchenglocken beschlagnahmt, als Futter für die metallfressende Rüstungsindustrie. Auch die Kirche von Reepsholt büßte die größere ihrer zwei Glocken ein. Das bittere Opfer blieb ohne Sinn und Nutzen, denn zwei Jahre später war die Niederlage perfekt.

In der beklemmenden Nachkriegszeit, als Arbeitslosigkeit, Hunger und Inflation die Menschen quälten, klang der Wunsch des Reepsholter Kirchenvorstandes nach einer neuen Glocke fast schon obszön. Die Stimmung kochte wochenlang über. So etwas wie ein „Shitstorm" fegte durch die Gemeinde. Endlich verschaffte sich der Vorstand Ruhe, und zwar mit einem verblüffenden Angebot: Er würde die Glocke kostenlos besorgen. Tatsächlich löste ein Spendenaufruf in der amerikanischen Zeitung „Ostfriesische Nachrichten" eine überwältigende Hilfsbereitschaft aus. Namentlich die Ostfriesen in Monticello (Iowa), die überwiegend ihre Wurzeln in der Kirchengemeinde Reepsholt und im Südkreis Wittmund hatten, spendeten aufopfernd. 1922 konnte die neue Glocke in Auftrag gegeben werden.

Die Spendenfreude war alles andere als selbstverständlich. Denn die Iowa-Friesen hatten selber dunkle Jahre hinter sich.

Mit dem Kriegseintritt der USA gegen Deutschland galten die deutschen Einwanderer und ihre Nachkommen plötzlich als mögliche Agenten Kaiser Wilhelms. Besonders der Gouverneur von Iowa, William L. Harding, erwies sich als erbitterter Deutschenhasser. 1918 erließ er eine Verordnung, die den Gebrauch von Fremdsprachen in der Öffentlichkeit verbot. Das zielte insbesondere auf Deutsch, das noch viel gesprochen wurde. Die Sprache wurde aus Schulen, Kirchen und öffentlichen Veranstaltungen verbannt. Sogar alte Einwandererfrauen, die ausschließlich Plattdeutsch und kein Englisch sprachen, wurden wegen Verstoßes gegen die Verordnung angezeigt. Schwierige Zeiten durchlebten auch US-deutsche Zeitungen wie besagte Ostfriesische Nachrichten.

Den ersten Hinweis auf unser etwas andere „Lied von der Glocke" entdeckte der Archäologe, Archivar und Familienforscher Steve Hanken aus Monticello/Iowa in einem amerikanischen Kirchenarchiv. In der Ortschaft Wiesede, Heimat seiner Vorfahren, nahm Steves Hankens entfernter Vetter Günter Peters den Ball auf. Peters half bei den Nachforschungen und besorgte später als erfahrener Publizist die Veröffentlichung der Geschichte auf Deutsch.

Steve Hanken und Günter Peters sind nicht nur verwandt, sie sind mit den Jahren enge Freunde geworden. Es begann im Jahr 2000 mit einem Besuch von Steve und seiner Frau Sharon in Wiesede. Der Mann aus dem Mittleren Westen wollte den Heimatort seines Urgroßvaters Wessel Hanken kennenlernen. Außerdem stammten Teile von Sharons Vorfahren, die Tobiassen, aus dem nahen Marx.

Nach mehreren Besuchen und Gegenbesuchen entwickelte Steve eine folgenreiche Idee. Günter sollte Reisegesellschaften in die USA führen. Also taten sich die Vettern mit dem versierten

Die 1923 von USA-Ostfriesen gespendete Glocke

Reiseveranstalter und Familienforscher Wolfgang Grams aus Oldenburg zusammen. Im „Weißen Ross“ von Wiesede präsentierten die drei im Jahr 2017 vor vollem Saal und begeistertem Publikum ihren Plan. Im nächsten Jahr könnte man nach Chicago zu fliegen und per Bus zwei Wochen lang den Spuren von ostfriesischen Einwanderern folgen, die die Vereinigten Staaten nicht wenig geprägt haben. Seit der ersten Reise 2018 folgen Jahr für Jahr weitere. Grams leitet sie, hat aber bei den Vorbereitungen Günter Peters als verlässlichen, sorgfältigen und nimmermüden Unterstützer an seiner Seite. Peters: „Meiner Meinung nach ist Wolfgang Grams der Beste für solche Reisen. Deshalb sorge ich gerne dafür, dass immer genug Teilnehmer zusammenkommen.“

Für Grams, den Familienforscher, stellen die USA-Ostfriesen einen besonderen Fall dar. Ostfriesland ist in den USA als Region sichtbar. Die Auswanderer aus Ostfriesland siedelten sich ab 1850 regional geschlossen und auf dem Land an. Das Bewusstsein voneinander ist beiderseits des Atlantik lebendig. Der erste Treffpunkt der Neuankömmlinge in den USA war die Kirche der jeweiligen Konfession. Ab 1900 intensivierte sich das Vereinsleben, auch wichtig für den Zusammenhalt. Es gab sogar deutsche Zeitungen, die in Ostfriesland und den USA vertrieben wurden.

Es waren nicht nur die Ärmsten, die auswanderten, doch sie bildeten wohl die Masse. Im 19. Jahrhundert war in vielen Hütten der Geest- und Moorbauern das nackte Elend daheim. Zu Tausenden wagten solche Menschen ab der Mitte des 19. Jahrhunderts den Sprung über den Großen Teich, um in Amerika neu anzufangen. Viele machten ihr Glück in der Neuen Welt, gründeten Farmen, Firmen und Familien. Ihre Berichte waren es, die immer größere Auswandererströme hinüberlockten. Wer sich locken ließ, wurde drüben von seinen Angehörigen mit offenen Armen empfangen und nach Kräften unterstützt. Daraus entstanden die erwähnten ostfriesischen Kolonien, speziell im Mittleren Westen der USA, wo das Klima dem heimatlichen halbwegs ähnlich war. Neusiedler konnten nach dem Homestead-Gesetz von 1862 weite Ländereien kostenlos erwerben. Mancher stolze Ex-Knecht hatte mehr Land unter den Füßen als daheim sein ehemaliger Dienstherr. Eine ausgedehnte Kirchen- und Vereinslandschaft bewahrten den Auswanderern ein Stück Heimatleben und die plattdeutsche Heimatsprache bis in unsere Zeit – trotz der Weltkriege.

Nicht wenige andere scheiterten. Sie fielen Schiffsunglücken und Krankheiten zum Opfer, gerieten in die Fänge von skrupellosen Ausbeutern, versackten in den Slums der Städte oder verhungerten und erfroren als Neusiedler in den Prärien. Ein besonders bitteres Schicksal erlitten 1854 die Auswanderer an Bord des Dreimasters Johanne. Beim Schiffbruch vor Spiekeroog verloren 77 der 216 Passagiere ihr Leben, darunter 18 Männer, 34 Frauen, 18 Kinder unter 10 Jahren und 7 Säuglinge. Sie wurden auf dem Drinkeldodenkarkhoff Spiekeroogs begraben, dem Friedhof der Ertrunkenen. Ein Gutes im Bösen: Die Katastrophe gab später den Anstoß, dass auf den Inseln die ersten Rettungsstationen errichtet wurden.

Leider nahm jedoch auch die Geschichte von der Reepsholter Glocke und dem Ozean-überspannenden ostfriesischen Zusammenhalt noch eine bitterböse Wendung. Während des Zweiten Weltkrieges wurde die gespendete Glocke erneut eingeschmolzen, um daraus Waffen zu gießen – Waffen gegen das Land der Spender.

Über die Auswanderung von Wiesede in die USA hat Günter Peters ein Buch im Privatverlag veröffentlicht. Auszüge, auch über die Glockenspende finden sich auf dorfgemeinschaft-wiesede.de

Männer mit schwarzen Hüten

Jedes Jahr setzen sich 13 Ostfriesen aus dem Harlingerland breitkrempige schwarze Hüte mit weißen Federn auf und treffen sie sich mit 13 Oldenburger Friesen aus dem Kreis Jever. Die tragen auch schwarze Hüte, aber mit schwarzen Federn. Wozu man sich trifft? Um sich nach Herzenslust zu beschimpfen. Zu beschimpfen??? Um das zu verstehen, müssen wir viele Hundert Jahre zurückgehen.

Damals hatten schwere Sturmfluten eine tiefe Wunde ins Land geschlagen, die Harlebucht. Was das Meer nimmt, holen sich die Friesen zurück. In hartnäckigem Hin und Her zwischen Sturmfluten und Landgewinnung wurden die Nebenarme der Bucht Stück für Stück wieder eingedeicht. „Gott schuf das Meer, der Friese die Küste". Doch dann war die eigentliche Harlebucht dran. Im Jahr 1666 maß sie 15 Kilometer Breite und 10 Kilometer Länge.

Der Haken an der Geschichte: Das Gewässer lag genau zwischen dem ostfriesischen Harlingerland im Westen und dem zur Herrschaft Jever zählenden Wangerland im Osten. Das ergab bösen und hartnäckigen Streit um Angel- und Fischereirechte und um den Landzuwachs. Wem gehörte die Bucht? Wer durfte Bucht und Neuland nutzen und eindeichen? Zur Herstellung von Frieden ließen die Obrigkeiten aus Oldenburg und Aurich eine schnurgerade Grenzlinie ausmessen. Sie begann am Pfahldeich zwischen Neufunnixsiel und Neugarmssiel, führte längs durch die Bucht und endete genau in der Mitte zwischen den Inseln Spiekeroog und Wangeooge im Meer. Mit goldener Tinte wurde sie auf einer Seekarte fixiert: Die Goldene Linie war geboren. Das ist lange her, aber die Goldene Linie gilt bis heute. Sie ist jetzt der nördliche Teil der Grenze zwischen dem Kreis

Wittmund und dem Kreis Friesland mit der Hauptstadt Jever. (Bei der Gelegenheit. Die Gebiete um Jever und Wangerland gehören seit dem Tod von Maria von Jever 1570 zur Grafschaft Oldenburg, dem späteren Großherzogtum. Die Bewohner zählen deshalb nicht zu den Ostfriesen im engeren Sinn, sehen sich aber durchaus als Friesen.)

Kommen wir jetzt zu den Männern mit den schwarzen Hüten. Es sind Mitglieder der 1987 gegründeten „Gilde zur Goldenen Linie von 1666“. Sie treffen sich jährlich zum Gildemahl, um an den uralten Streit zu erinnern und ihn wieder und wieder aufzuwärmen. Die Treffen bringen den zweimal 13 Herren einen Riesenspaß, es wird viel gelacht, geredet und gut gegessen.

Vom ehemaligen Gildemeister Herbert Fischer lassen wir uns den Ablauf erzählen. Der ist dabei ganz in seinem Element. Wie es sich für ein barockes Spektakel gehört, folgt der offizielle Teil

Gildebrüder streiten in Freundschaft

einem strengen Regelwerk. In der Mitte des Saales sitzen sich die „feindlichen“ Parteien an langer Tafel Aug in Auge gegenüber. Alle tragen die gleiche musketierhafte Kleidung, die dem Outfit des Grafen Anton Günter von Oldenburg nachempfunden ist: blauer Samt, breite weiße Spitzenkragen, weiße Strümpfe und schwarze Schnallenschuhe. Dazu kommen die schwarzen Hüte und die Schärpen in den jeweiligen Stadtfarben: Blau-Weiß für Jever, Rot-Grün-Rot für Wittmund. Fehlen nur noch die passenden Degen, aber die werden vor dem beginnenden Streit auf Befehl des Gildemeisters abgelegt.

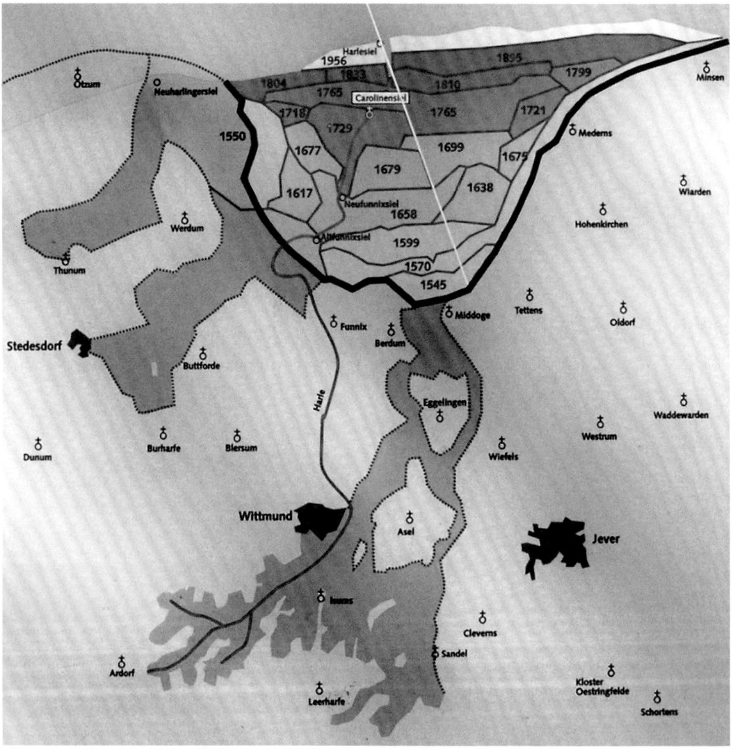

Die Goldene Linie schuf Frieden.

Drei Männer von jeder Seite tragen jetzt die historischen Vorwürfe und Beschimpfungen vor. Professor Claus Adams, neben Fischer der letzte Aktive der Gründergeneration von ostfriesischer Seite, hat den heftigen Inhalt in elegante Verse gegossen. Das hilft beim entspannten Schmunzeln. In der nächsten Runde nimmt je ein Gildeherr aktuelle Belange der Gegenpartei satirisch aufs Korn. Oho! Wer kennt unsere Schwachstellen besser als unsere Nachbarn? Gut angespitzte Wortpfeile fliegen über die Tafel hin und zurück, untermalt vom Anfeuerungsrufen und dem Geklapper der Bierhumpen. In denen schäumt allerdings nicht mehr das dunkle Gildebier der Anfangsjahre – in Jever wird nur noch Pils gebraut.

Das Ganze macht Vergnügen, aber hat es auch einen tieferen Sinn? Ja, betont Herbert Fischer und gibt es uns sogar schriftlich: „Der Grund für die Existenz der Gilde ist der gleiche wie für das Zusammentreten der Kommissionen im Jahr 1666: Besprechung der alten und neuen Streitigkeiten, Animositäten und Händeleien. Darüber hinaus ist der Sinn des Zusammenschlusses eine breit gefächerte Zusammenarbeit auf kulturellem, sozialem, wirtschaftlichem oder geschichtlichem Gebiet. Die Gilde pflegt die gute Nachbarschaft, gemeinsame Lebensinteressen und heimatliches Brauchtum."

Alten und neuen Ärger gemeinsam durchzugehen, um Frieden zu schaffen? Herbert Fischer sagt ja: „Unsere Art und Weise der Konfliktbereinigung kann Vorbild sein für die Bewältigung der vielen großen und kleinen Konflikte und Streitereien auf dieser Welt. Auch in heutiger Zeit."

Der Schriftsteller Siegfried Lenz sagte einmal: „Das Wesentliche geschieht am Rande." Er meinte damit die entlegenen Gebiete des Landes, zu denen Jever und Wittmund zweifelsohne gehören. Der Satz gilt aber für Versammlungen genauso. Das Ent-

scheidende wird oft in den Pausen gesagt und gehört. Beim Gildemahl ist das ähnlich. Nach den offiziellen Reden kommen die Gildebrüder zu ihren Frauen und Gästen an die Achtertische, die rund um die Gildetafel aufgebaut sind. Hier sitzen je ein ostfriesisches und ein Jeveraner Paar mit ihren Gästepaaren zusammen. Gemeinsam genießt man ein üppiges achtgängiges Menü nach traditioneller Folge. Dabei wachsen über die Goldene Linie hinweg alte Freundschaften und neue entstehen. Das ist nämlich das Wichtigste des Treffens, sich persönlich kennenzulernen und zu verstehen. Nach dem Festmahl versammeln sich die Herren erneut an der langen Tafel zum geschlossenen Ausmarsch. Um gleich darauf wieder zum geselligen Ausklang an die Achtertische zurückzukehren. So ein Ausklang kann dauern. Denn, wie gesagt, das Wesentliche geschieht am Rande.
Für ausscheidende Mitglieder werden gestandene Männer nachgewählt, und zwar nur Männer. Das wirkt wie aus der Zeit gefallen. Doch darf man sich nicht täuschen lassen, warnt Fischer. An den Tischen haben Frauen genauso das Wort wie die Männer und sind durchaus keine Dekoration. Beim kleinen Treffen ohne Gäste, in der Adventszeit, sind die Partnerinnen gerne dabei. „Wenn ich aus der Gilde austreten würde, bekäme ich Ärger mit meiner Frau", zitiert Fischer einen Gildebruder. Wer als Gast teilnimmt, genießt ein seltenes Privileg. Denn jedes Nichtmitglied kann nur einmal im Leben eingeladen werden. Man redet übrigens lieber auf persönlicher Ebene als aus dem Fenster hinaus. Ein öffentliches Ereignis macht man aus der Veranstaltung nur zu Ehren bedeutender Gastredner wie dem Ministerpräsidenten Niedersachsens.
Auch jenseits der Gilde ist die Goldene Linie allgegenwärtig. Als Grenze, die heute mehr verbindet als trennt. Zwar hat die Friesland-Gemeinde Middoge vor Jahren einen weiß-blauen Schlagbaum in Richtung des ostfriesischen Berdum errichtet. Jedoch fehlt

der optischen Verkehrsberuhigung die Vorrichtung zum Runterkurbeln – ein schönes Symbol für Offenheit. An der heutigen Küste des gewonnenen Landes, in Harlesiel, erinnert im Hafenpflaster ein 15 Meter langes Messingband jedermann an die Goldene Linie. Für Fahrradtouristen werden rund um die Linie Touren angeboten. Der Vorteil des brettebenen Marschlandes: keine Steigungen. Der Nachteil: Der Wind kommt scheinbar immer von vorne.

Bernie schweigt

Der „Mann von Bernuthsfeld" ist eine Moorleiche. Wir finden sie in einer Vitrine im Landesmuseum in Emden. Ein paar Schritte weiter treffen wir auf eine lebensechte Figur, die zeigt, wie er wohl ausgesehen hat. Du kannst davor stehen und dich fragen, ob der kräftige, 1,60 bis 1,70 große Herr wohl seinen vertraulichen Spitznamen „Berni" gemocht hätte. Oder hätten seine blauen Augen böse gefunkelt?
Bernie ist die einzige erhaltene Moorleiche Ostfrieslands. Genauer gesagt die einzige erhaltene unter den gefundenen. Denn wer kann sagen, wie viele Verstorbene im Torf verborgen liegen, von Moorsäuren gut konserviert? Man wird es nie herausfinden, denn der Torfabbau läuft aus. Also wird Bernie seine Sonderstellung behalten. Und beharrlich schweigen. Schweigen darüber, wer er eigentlich war.
Die sterblichen Überreste wurde im Jahr 1907 beim Torfstechen entdeckt. Ihre schockierten jugendlichen Entdecker glaubten an ein Verbrechen. Bloß nicht darin verwickelt werden! Weg damit, ab aufs Nachbargrundstück und verbuddeln! Zum Glück konnten die beiden Brüder den Mund nicht halten. So kam der Tote ans

Licht, alle andere blieb erst einmal im Dunkeln. Seit 2011 haben fähige Ermittler dem Moorfund mit modernen Methoden einen ganzen Berg an Antworten aus der Nase gezogen. Sie schickten ihn in die Rechtsmedizin, zum DNA-Test und zum Röntgen. VW in Emden half sogar mit einer 3-D-Modellbau-Software beim Rekonstruieren des Körpers.

Wir wissen jetzt: Der Mann wurde dreißig bis vierzig Jahre alt, lebte im Frühmittelalter, etwa zur Zeit Karls des Großen. Vermutlich starb er eines natürlichen Todes. Er hat harte Zeiten durchlitten, litt an Bandscheibenschäden, Arthritis und Krebs, war aber recht gut ernährt. Analysen seiner Haare verrieten, dass Fisch, Fleisch und Eier auf seinem Speiseplan standen. Aber andere Fragezeichen bleiben und Bernie schweigt weiter. Warum hat man ihn in ein moosgepolstertes Erdloch gelegt, einsam und abseits der üblichen Totenstätten? Warum hat man ihm, auch unüblich, seine Kleidung gelassen? Ja, die Kleidung! Das merkwürdigste Stück ist eine Tunika, eine Art Kittel. Sie besteht aus 45 einzelnen Fetzen, 20 verschiedenen Gewebe, neun verschiedenen Webarten. Unglaublich, ein krasser Anblick! Selbst wenn wir bedenken, dass damals lieber geflickt als neu gewebt wurde.

Normalmenschen des 21. Jahrhunderts hätten jedenfalls das knielange Stück als Gelumpe in den Altkleidersack geworfen oder gleich in die Mülltonne. Fachleute sind da anders. Sie haben in praktischer Forschungsarbeit eine Nachbildung des Kleidungsstückes gewebt, gefärbt, zugeschnitten und zusammengenäht. Das Ergebnis schmückt jetzt die Berni-Figur im Landesmuseum.

Bernis Ausstattung mit Tunika, Mantel, Umhängetuch und Wadenbinden hat den Beteiligten viel über das Leben und Arbeiten im Frühmittelalter verraten. Die Forscher denken inzwischen, dass die Stoffe aus ostfriesischer Schafwolle gewebt wurden.

Aber warum trug der Mann vom Bernuthsfeld so eine merkwürdige Tunika? Katrin Kania, die mit ihrem Kollegen Jens Klocke an der Kleidung gearbeitet hat, hält es für möglich, dass Berni bewusst auffallen wollte. Aber warum? Auch dieses Geheimnis hat die letzte erhaltene Moorleiche Ostfrieslands bisher nicht preisgegeben, wird es vermutlich nie tun. Berni schweigt, und das soll uns recht sein. Was wäre das Leben ohne Geheimnisse?

Geheimnisvoller Flickenkittel

Weitere Bücher aus der Region

Komm an die Leine!
Hannover –
Geschichten und Anekdoten
Barbara Fleischer
80 Seiten, zahlr. Schw.-W.-Fotos
ISBN 978-3-8313-3572-5

Hannover – Aufgewachsen in
den 70er und 80er Jahren
Bettina Reimann
64 Seiten,
zahlr. Farb- und Schw.-W.-Fotos
ISBN 978-3-8313-3543-5

Kiel oben!
Geschichten und Anekdoten
Kurt Geisler
80 Seiten,
zahlr. Schw.-W.-Fotos
ISBN 978-3-8313-3615-9

Kiel – Gestern und Heute
Henning Jost, Daniela Harnisch-Jost
72 Seiten,
zahlr.Farb- und Schw.-W.-Fotos
ISBN 978-3-8313-2602-0

Wartberg-Verlag GmbH
Im Wiesental 1 34281 Gudensberg
www.wartberg-verlag.de
Bücher für Deutschlands Städte und Regionen
Tel. 0 56 03 - 93 05 0
Fax. 0 56 03 - 93 05 28